Sacra Pentecostalia, Et Sacra Christi Natalitia

Hermanni Hupfeldi

SACRA PENTECOSTALIA

PIE CELEBRANDA

CIVIBUS INDICIT

ACADEMIAE FRIDERICIANAE HALIS CONSOCIATAE

PRORECTOR CUM SENATU.

INEST

HERMANNI HUPFELDI

PHILOS. ET THEOL. D. MUJUSQUE P. P. O.

COMMENTATIO

DE ANTIQUIORIBUS APUD JUDAEOS ACCENTUUM SCRIPTORIBUS

PARTIC. I. DE AHARONE BEN-ASCHER ET JUDAH CHAJUGO.

HALIS
ED. ANTON.
MDCCCXLVI.

Quae externam V. T. formam nobis a saeculis traditam constituunt, omnium longe intricatissimam et reconditissimam partem constat esse accentuum agmen, tum ipsâ signorum multitudine, tum ordinum vel graduum quo distinctum est varietate impeditissimum. Neque in perspiciendâ ejus internâ indole ac ratione Judaeorum magistris, a quibus universam linguae Hebr. grammaticam accepimus, multum juvamur. Quorum opera si in caeteris grammaticae partibus ad intelligendas rerum causas non magna est, hîc fere nulla esse deprehenditur: ipsi enim mysteria ejus se ignorare fatentur, amissamque musicam coelestem multis queruntur, quam nisi Messiae adventû restitutum iri desperant [1]. Haec adyta reclusisse Christianorum grammaticorum laus est, quemadmodum totius punctationis atque universae linguae. Neque tamen eo spernenda prorsus est Judaeorum opera suâque laude privanda. Relinquitur his provincia propria in quâ non sine fructû desudarunt, et auctoritatem suo jure nacti sunt ad quam nobis confugiendum est. Ut enim non solum universae linguae sonos modosque punctatione nobis tradiderunt verumque pronunciandi modum praeceptis suis accuratius docuerunt, sed etiam quae in quoque genere rariora vel anomala et dubia sunt notarunt et collegerunt (in Masorah praecipue): ita accentuum quoque rationem externam — quo ordine, quâ numeri ratione alter alterum sequatur, quasque patiantur anomalias et variationes, harumque in s. codice locos — diligenter notarunt canonesque ad dirimendam codicum litem non inutiles nobis tradiderunt. Quâ in provinciâ quomodo versati sint, quae initia, quaeque incrementa fuerint istius disciplinae, ex illorum scriptis eruere non inutilem operam censui; praesertim cum recentiori tempore exstiterint qui, quid huic generi tribuendum sit nescii, liberalius quam par est

---

1) Cf. voces eorum apud *Buxtorfium* de ant. punct. p. 243 ss. coll. p. 360 s. Scilicet hi musicam accentuum rationem esse, et Davidicos quidem templi Salomonici modos eis contineri rati, cantillationem in synagogis usitatam tanquam miseram illius umbram spernebant; fastidiosiores illi quidem suarum rerum aestimatores, et vero rectiores, quam nonnulli ex nostratibus quos audio rursus in ejus admirationem abreptos, ita ut veram hâc inesse accentuum rationem, aut certe musicam primitus fuisse statuant.

1

hunc sapientiae fontem extollant. Ac primum, quidem scriptores ipsos, antiquiores certe, ordine recensere eorumque libellos qui aetatem tulerunt quorum-
que mihi facta est copia (nam rarissimi sunt), accuratius describere visum est;
deinde, si licebit, praecepta de eâ rê potiora quae in Masorah inveniuntur emendata et illustrata exhibiturus.

Jam si initia hujus disciplinae repetimus, ad ipsa artis grammaticae
apud Judaeos primordia retro ferimur. Haec enim, si a lexicographiae initiis
discesseris (quae omnium prima fuisse videntur) circa punctationem (ניקוד =
נקוד) h. e. vocalium accentuumque nec non consonantium ambiguarum punctis
appositis notationem, fere versata fuisse deprehenduntur. Quod ex scripturae
Hebraicae Semiticaeque universae ratione petendum; quam constat antiquitus
meris fere consonantibus (si Vau et Jod exceperis) absolvi, caetera vero quae
ad vivum sermonem pertinent quibusque quasi animantur consonantes, ignorare,
legentiumque ac recitantium arti relinquere. Quae ars quum in publicâ sa-
crorum librorum recitatione per tot synagogas usitatâ maximopere requireretur
maximique res esset momenti: ab antiquissimis inde temporibus quorum nobis
tradita est memoria multum ei tribuisse et tradendae operam navâsse videmus
Judaeorum magistros[2], donec, urgente necessitate, tandem vel inviti Syrorum
Arabumve exemplo ad punctationis artificium introducendum linguaeque usibus sensim accommodandum et expoliendum ferrentur. Quo facto, non mirum
est omnem operam grammaticam primum in eo potissimum positam fuisse
ut novum illud punctorum artificium a lectoribus recte et intelligeretur et libris
sacris adhiberetur, idemque sibi proposuisse quod oralis institutio hucusque praestiterat h. e. lectoribus librorum ss. ad recte pronunciandum
instituendis inserviisse; quem finem sequioribus quoque temporibus ejusmodi
libelli non raro ipso titulo prae se ferunt (ut הוֹרָיֹת הַקֹּרֵא, עֵין הַקֹּרֵא v. infra). Hinc antiquissimi libelli grammatici in punctis definiendis explicandisque
in ordines digerendis et ad canones quosdam revocandis fere versantur; quibus
accedebant masorethici s. critici in notandis et colligendis locis difficiliori-
bus et anomalis vel controversis occupati. Idem fe e apud Syros et Arabas
similem ob causam factum accepimus: ubi artis grammaticae et criticae primordia a vocum lectû difficiliorum vel controversarum punctatione, vel a libellis de recte scribendi et legendi ss. libros ratione (orthographiâ et orthoepiâ),

---

2) cf. locos Talmudis artem istam tum pueris etiam pro mercede traditam testantes apud
Lud. Cappellum arc. punct. revel. p. 30 197 sqq. *Buxtorf.* punct. ant. p. 86 sqq.

ac potissimum de punctis (نقط, ܢܩܙ݁ܐ) et literis ambiguis originem ducant [3]. Neque tantum ad investigandam veram lectionem aut instituendum lectorem talia apud Judaeos spectâsse videntur, sed etiam ad usûs talmudicos et cabbalisticos h. e. ad fulciendas traditiones rituales vel rimanda mysteria theologica; siquidem Talmudistas in controversiis suis non raro videmus lectionibus a receptâ (מִקְרָא) variantibus (מָסֹרֶת) niti, quae quamvis non serio admissae sed ad juridicum tantum usum fictae sunt [4], tamen veris variantibus earumque notationi et recensioni (operae criticae, quam Masoram vocant) nomen dederunt [5], et fortasse punctationi ansam praebuerunt. Cabbalistas autem vel magis textûs sacri figuris apicibusque immorari constat. Hinc ab extremâ inde Talmudistarum aetate, multo ante grammaticorum nobis superstitum aetatem, libelli de p u n c t i s (נִיקוּד) feruntur [6]; qui etiamsi non sint eorum quibus a posteris tribuuntur (in quibus Talmudistae celebrati Rab Asse et R. Aharon [7]) tamen ad tempora grammaticos antecedentia pertinere videntur; cabbalisticis illi quidem usibus inservientes, sed grammaticis ejusmodi libellis forte viam aperientes.

Haec eo praemisi ut intelligatur quare antiquissimi de accentibus libelli simul in vocalium ponendarum praeceptis versentur. Jam ad hos describendos me vertens non possum non laudare egregiam *Wolfii Heidenheimensis* (vulgo Heidenheim dicti) operam, qui in libro de accentibus prosaicis (ס׳ משפטי הטעמים Rödelheimii a. 1808 in 8°) ex priscorum magistrorum praeceptis hausto non solum scriptores praecipuos tam manuscriptos quam editos sedulo collectos (ut ben-Ascherum, Chajugum, ben-Bileamum, Jequtielem, Qalonymum, El.

---

3) Tractatûs ejusmodi Arabicos v. Notices et extraits de la biblioth. VIII, 290 sqq. Syriacos apud *Assemanium* B. Or. III, 1, 307 sqq. *Hoffmannum* gr. Syr. p. 27 sqq.

4) v. disputationis meae Kritische Beleuchtung dunkler und mißverstandner Stellen der ältest. Textgeschichte, partem secundam diario „Theologische Studien u. Kritiken" anni 1830. fasc. 3. insertam p. 556 seqq.

5) Inde enim M a s o r a e nomen ortum esse existimo. Quae vox cum ex antiquissimo Talmudistarum usu, quem l. c. monstravi, cum universam t r a d i t i o n e m j u r i d i c a m, tum vero s i n g u l a s e j u s l e c t i o n e s scripturae sacrae hujusque lectionibus receptis (מקרא) opponeret, facile hinc ad v a r i a n t i u m omnis generis l e c t i o n u m caeterorumque quae circa textum sacrum tradita erant n o t a t i o n e m et e n u m e r a t i o n e m translata intelligitur.

6) *Buxtorf.* de punct. ant. p. 55 sqq. 328. In his *R. Saadiae* liber non ipsi tantum in comm. ad lib. Jezirah, sed sequioribus etiam passim citatus, ut Raschio ad Ps. 45, 10.; locum inde allatum vidi in cod. Lips. Simsonis Naqdani.

7) *Zunzius* quidem „gottesdienstl. Vorträge" p. 407 not. horum libros de punctis apud Cabbalistas (Botrilum) citatos prorsus fictos esse censet: sed hi jam sunt apud Maimonidem (comm. ad Jeziram) et Jud. Muscatum (comm. ad libr. Cozri); ibi certe non pro fictis habendi.

Levitam, Portam accentuum al.) ita congessit et excerpsit ut thesaurus doctrinae acc. Jud. merito dici possit, sed etiam diligenter tum inter se tum cum Masorah contulit crisique adhibita non raro naevos emendavit ac discrepantias sustulit. Ultra magistros suos sapere rerumque causas aperire sane non erat animus, et qui talia apud istum quaerat, deceptum se videbit.

Agmen ducunt duumviri, quorum nomina ex tenebris quibus rei grammaticae apud Judaeos initia obruta sunt, certâ factorum memoriâ ac reliquiis primum in hujus aevi lucem emergunt: alter masorethicae s. criticae artis princeps, R. AHARON BEN-ASCHER, alter grammaticae, R. JUDAH CHAJUG. Aetate quidem fere aequales perhibentur, nimirum ineuntis saeculi undecimi p. Chr.: sed cum ille — quamvis nomen traditione Judaeorum celebratissimum, antiquis illis Palaestinis (קדמונים) accensitum — vix ex antiquitatis tenebris emergat, jam ipsâ patriâ Palaestinâ caeteris occidentalibus remotior, eorum autem quae de accentibus scripsisse fertur manus sit rudior, ab hoc initium fiat.

1. R. AHARON BEN-ASCHER, vulgo BEN-ASCHER [8], traditione Judaeorum uno ore ad Tiberienses illos (חכמי ט' vel אנשי טבריא) refertur,

---

8) Viri nomen, patria, aetas, conditio — omnia perinde incerta. Apud antiquiores quidem simpliciter vocatur ben-Ascher, a patris tantum vel tribûs nomine, quasi ipsius nomen ignorent; oppositus ben-Naphtali, de quo infra not. 11. Plenius quo nunc usurpatur nomen R. Aharon ben Ascher primum occurrit in inscriptione libelli de accentibus aliisque ejusmodi rebus ad calcem bibliorum rabb. ed. 1517 appositi, additâ simul patriâ Tiberiade his verbis: ממקום מעזיה הנקראת טבריה אשר על ים כנרת מערבת. Quae si ipsi auctori tribuenda esset, authenticum hic haberemus testem, omnique de eo apud sequiores memoriae, praesertim appellationis illius obscurae מעזיה, fontem. Verum ex additis pro ejus salute votis non ab ipso profecta esse intelligitur, sed a farraginis illius conscriptore vel collectore addita. Idem nomen apud *Eliam Levitam* in Masoreth hammas. ed. Sulzb. fol. 8, b. (vers. germ. ed. Seml. p. 36), qui illam opinor sequitur. At *Balmesio* in peculio Abrahami plag. d. III. vers. audit R. Moscheh b. Ascher. Denique R. Gedaljae in Schalsch. haqqabb. ר' אהרון ב"ר משה משבט אשר (unde Wolfius habet in Biblioth. Hebr.), nomen solâ ut videtur conjecturâ ex illis compositum, neque ullius fidei. — Quod patriam attinet, mira quam supra ex inscriptione libelli de accentibus attuli Tiberiadis appellatio מעזיה apud alios etiam auctores hujus commemorationi adjuncta est, ut apud D. Qimchium Michlol fol. 26, b occurrit, et Eliam Lev. Masor. praef. 3. fol. 11 ed. Sulzb. (qui vel ex Qimchio vel ex inscriptione illâ hausisse videtur); nec praeterea ullus ejus usus deprehenditur. Quae quid sibi velit, neuter significavit, nec ex recentioribus quisquam probabilem ejus sensum attulit. *Seb. Münsterus* de Moesia (Paphlagoniae!) cogitabat; *Buxtorfius* punct. p. 65. malebat מְעָזִיא ex Asia vel in Asia, melius antiquum urbis nomen, antequam Tiberias vocaretur, esse suspicatus. Hoc a vero proxime abesse videtur. Equidem symbolicum nomen duxerim: מָעֹז vel מָעְזִיָה (a מָעֹז) h. e. munimentum Dei (vel munimentum meum Deus est), vel מֶחֱזִיָה = solatium Dei (nomen pr. masc. in ipso V. T. obvium 1. Chr. 24, 18. Neh. 10, 9.). — Aetatem autem ejus antemasorethicam esse, vel inde liquet quod in punctando aliquâ usus est libertate, quam Masorethae sibi minime arrogabant, notandis codicum variantibus contenti.

a quibus universam codicis sacri recte legendi et scribendi artem apud Judaeos traditam repetunt [9]. Inter hos principem locum obtinebat ben-Ascher, cujus et eodex jactatur summâ curâ descriptus et multoties per longam annorum seriem correctus (primum Hierosolymis deinde in Aegypto asservatus ut ex eo libri corrigerentur, inde Aegyptius dictus), quo omnes teste Maimonide [10] nitebantur; et etiamnum fertur lectionum variantium collectio inter ipsum et aequalem ejus ben-Naphtali [11] controversarum, quas et ipsas sequuntur Judaei [12]. Ejusdem fertur libellus de accentibus rhythmico sermone conscriptus, qui bibliis rabbinicis a Felice Pratensi a. 1517 Venetiae editis in calce subjunctus est, unâ cum aliarum observationum masorethicarum farragine confusâ et multis mendis foedatâ, prout in codice quodam invenerant editores, hisque ipsis parum intellectâ (ut in epilogo fatentur); cujus potiora alter bibliorum rabbinicorum editor et Masorae instaurator, R. Jaqob ben-Chajim, Masorae finali inseruit [13]. Tractatus autem de accentibus, in fronte illius farraginis positus, du-

---

9) Duplici illa quidem continetur laude: 1) recte legendi et pronunciandi peritiâ, quâ illi uni omnium excelluisse feruntur (ut jam apud Chajugum); 2) accurate et emendate describendi et punctandi solertiâ conservandaeque verae lectionis fide; proinde universae Judaeorum circa textum s. traditionis fons ac fundamentum, posteriorumque librariorum (סופרים, diversi hi quidem ab antiquis סופרים i. e. codicis s. peritis criticaeque s. principibus), punctatorum (נקדנים), correctorum (vel Masoretharum) et Grammaticorum duces et principes praedicantur. Videsis Buxtorf. de ant. punct. p. 21 ss. Luzzatto prolegomeni ad una gramm. rag. della ling. Ebr. (Parm. 1836) p. 23 not. et §. 147.

10) Maim. Hilchoth S. Torah 8, 4 ap. El. Levitam Mas. Hammas. fol. 8, b et Buxtorf. ant. punct. p. 278.

11) Hujus nomen et ipsum apud sequiores plenius sonat: apud Balmesium et Eliam Lev. ll. cc. Jaqob ben-Naphtali, apud Gedaljam Moscheh ben-David e tribu Naphtali. Balmesius duplici eum ornat epitheto מוֹרֶה et הַסּוֹפֵר (ben Ascherum non item, ad quem transfert Buxtorf. p. 263), quod quamvis proprio Marte dixerit, certe non improbabili conjecturâ. Verum caetera omnia: Babylonium fuisse, Babyloniosque Judaeos ejus lectiones sequi, non minus quam principes academiarum fuisse duumviros istos, nil nisi commenta sunt temere ab Elia Lev. asserta l. c. Ibi cum verba רָאשֵׁי יְשִׁיבוֹת sequatur בְּמָסֹרֶת, interpres germ. ed. Semler p. 36. de academiis masorethicis cogitavit (vertens „Lehrer in der Massore“), quas ipse Luzzatto l. c. passus est sibi imponi. Sed istae nec aliás auditae sunt, nec tali formulâ appellari potuissent, siquidem hoc nomine יְשִׁיבוֹת juridicae tantum scholae veniunt, יְשִׁיבוֹת בְּמָסֹרֶת autem vix hebraice conjungi posse videatur. Hinc non dubium בְּמָסֹרֶת ad sequentia trahendum, ut haec sententia efficiatur: „in Masorâ nomen alterius esse Jaqobum ben-Naphtali“. Quod quamquam nostrâ Masorâ finali non comprobatur, ubi tantum בֶּן אָשֵׁר, tamen Elias de suâ non temere dixerit.

12) De auctoritate ben Ascheri apud Judaeos v. Buxtorf. ant. punct. p. 264 s. Luzzatto prolegg. p. 23 not. qui ejus punctationem certe plerumque observari ait. Majorem ejus auctoritatem esse quam Masoretharum, qui codices religiose sequebantur, Maimonides quoque testatur Seph. Tor. c. 8, cf. supra not. 8.

13) In hác ipsá v. חלם quidem haec omnia magno labore ordinata et castigata ad cal-

plicem titulum gerit: primum in epigraphe praefixâ סֵפֶר מְדַקְדּוּקֵי הַטְּעָמִים h. e. libellus de subtilitatibus accentuum s. liber grammaticae subtilitatis de acc. (nam grammaticam ut subtilem et accuratam rerum minutissimarum disquisitionem דקדוק vocabant); deinde iterum in exordio שַׁעַר הַטְּעָמִים. Sunt autem ejus membra in caeterâ farragine ita disjecta, ut quaenam huc referenda sint, et num continua sit ejusdem auctoris disputatio, an diversa diversorum fragmenta, incertum sit: nam rhythmi quibus sermo non in primo solam sed in caeteris etiam quodammodo ligatus est, in praeceptis grammaticis et masorethicis, tanquam sapientum dictis vel sententiis, apud Judaeos, ut apud caeteros orientales, adeo sunt usitati, ut ex his solis manum ben-Ascheri agnoscere vix possis. Sed cum antiquitatis indolem gerant, nec multum intersit cujus quidque sit auctoris scire, liceat haec, ut fieri solet, ad ben-Ascheri nomen omnia referre.

1) Primum quidem fragmentum s. capitulum post epigraphen accentuum recensionem sistit. Oratio tota rhythmis ligata, ad cujusque accentûs terminationem accommodatis; hinc figuris et imaginibus poeticis parum aptis turgida et satis obscura. Recensio dominos quidem distinguit a ministris, sed ita ut non raro confundat. Dominorum (טעמים) numerum duodecim constituit, secundum luminum coelestium numerum (nempe zodiaci, cujus in astrologia orientali usus praecipuus); qui numerus sequioribus etiam diu mansit intactus, quamvis minime aptus et futili ratione constitutus. Initium ducit a *Tiphchah* (quemadmodum Chajugi etiam tabula aliaeque); 2) *Athnáchah* (cujus mentio cum statim Tiphchae, utpote cum hâc conjunctae, adjecta sit, sequens הגברה non alterius accentûs nomen propr. esse videtur, sed verba שכיה היא וחגברה ad Athnacham referenda et sic vertenda: altera est haec ei vicina (הַגְּבְּרָה); 3) *Mercah*; 4) *Tibhrá* vel *Tʰbhʰrá* (ut in seq. cap.) i. e. Tʰbhîr; 5) *Zaqeph*; 6) המסכן; 7) *Talschá* (= Tʰlischah), quae duplex esse dicitur, anterior et posterior; 8) *Teres* = Geresch; 9) *Sinnórí* (צנורי) i. e. Zarqâ; 10) *Schóphar* i. e. Múnách et Mahpach, qui apud antiquiores שֻׁוֹפָר יָשָׁר (vel שׁ׳ הוֹלֵךְ) et שׁ׳ הָפוּךְ audiunt, ac proinde voce Schophar comprehenduntur, Mercae oppositi; 11) *Paschtá*; 12) מגביה וחוזר. Hos dicit esse plenum et non defectivum accentuum ordinem, ita inter se connexorum ut

---

cem Masorae unâ positurum se esse dicit: sed libellum de accentibus aliaque nonnulla praetermisit, forte nimis obscurum et mendosum visum, ut conjicit *Luzzatto* proll. p. 25. not. 1. Pro eo alium dedit libellum de accentibus („Porta accentuum" dictum), quem ipse composuit ut infra ostendam.

miles et dux, similitudine ab agmine militari desumtâ, quâ multis demum seculis post scriptores usi diversos distinctivorum ordines commode illustrarunt. — **Ministros** (משרתים vel 'מ vel טעמים ut. in clausulâ) autem **septem** recenset hosce: 1) *Az°lá* = Qadmah, quae semper superior (עולה), eadem tamen descendens et ascendens (מעלה ויורד ועולה) [14] sâtis obscure dicitur; 2) *R°bía'*; 3) *Zaq°phah parva* (sic!); 4) *Galgal* vel potius „cum Galgálo mixta" (quae vox sequioribus modo Dargam modo Jerachum indicat); 5) *Gereschah* (Garschah) quae „a dominis (מטעמים) non separata" dicitur h. e. inter dōminos quoque referenda; 6) מטעם; 7) *Ga'já* „cum omni accentû (conjuncta) apparens" i. e. Metheg. Hi in clausulâ adjectâ semper **conjuncti** (סמוכים) et **suaves** (נעימים) h. e. ad decentem et suavem vocis modulationem (quae Judaeis נעימה, et conjunctivorum praesertim) pertinere dicuntur.

In his mira quaedam et fere inaudita. In dominorum recensione nomina prorsus insolita (si a הגדרה, de qua supra dixi, discesseris) המסכן et מגביה וחוזר. Quorum ille cum „infra habitare", „duabus virgulis definitus", et rursus „quasi supra suggestum" positus dicatur, si quid his tribuendum, haud scio an sit L°garmeh (Munach P°sîqatus) qui a sequioribus uno ore ad 12 dominos refertur (nam quominus de Mercâ duplici cogites prohibet tum quod haec et extraordinaria plane est, et a nemine Judaeorum inter dominos habetur); alter vero haud dubie est Pazer, ut appositâ voce ובלשון מתפזר non obscure innuitur. *Sinnóri* vel *Sinnór* aliâs etiam obvium Zarqae nomen [15]; sed in poeticis tantum libris, et ejus potissimum quae cum Qadmah vel Mahpacho composita inter ministros censetur. In ministrorum nominibus inauditae formae **femininae** זקפה קטנה et גרשה pro masculinis; ignotum autem prorsus מטעם: quod cum claudat agmen unâ cum Ga'já, et dicatur „מיוחד in omni accentû", vide an non possit esse P°sîq, מטעם dictus h. e. accentus (dominus) secundi ordinis s. a dominis proximus (cf. מגאל). — Sed magis etiam mira recensionis interna indoles: ut quae non solum admodum sit defectiva, sed etiam dominos cum ministris ridicule con-

---

14) Eâdem formulâ de Schopharo paulo ante utitur. Hic enim, ut Qadmah, **superior** tono dicitur (למעלה), unde etiam species ejus עלוי dicta, Mercah autem **inferior** (למטה). Apud sequiores vero formula עולה ויורד de accentibus quibusdam poeticis (duplici formâ vel sede utentibus) usitata, praesertim Mercah Mahpachatâ.

15) a figurâ petitum videtur, quae in codicibus in litui similitudinem recurvata satis longo ambitu superne in extremae literae apicem descendit, ut vel fuscinam vel aquae ex pelvi effusionem et fere catarractam referre videri possit.

fundat. Dominis quidam admixti ministri Mercah et Munach (qui tamen in clausulâ dicitur saepenumero ministrare si sit superior); ministris autem turpius etiam domini R°bîaʿ, et qui jam antea inter illos recensiti fuerant, Geresch et Zaqeph parvus (imo inauditae prorsus, ut vidimus, Gereschah et Zaqephah parva.) — Haec omnia tam rudia tamque sunt imperita ut ben-Aschero vix tribuere possis, nisi statuas tabulam et poeticos accentûs respicere et vitiis admodum depravatam esse.

II. Sequuntur, paucis interjectis, caeteris obss. masorethicis interspersa praecepta quaèdam de usû accentuum, ministrorum praesertim ejusdem domini alternantium, singulis distincta inscriptionibus (plerumque voce סימן signum h. e. pr. capitulum vel index disputationis, deinde disputatio ipsa); similiter rhythmis, quamquam passim liberioribus, ligata: primum de ministrorum ante T°bhîrum et Zarqam alternantium ratione; deinde de simili ministrorum in libris poeticis discrimine; denique de Gaʿjâ s. Methego et P°sîqo. Haec fere omnia, exceptis poeticis, apud *Heidenheimium,* partim cum caeterorum praeceptis, ben-Bileami praesertim et Masorae, pro more collata. Sed ut quid noster praestiterit appareat, jam singula breviter in conspectu posita consideremus.

1) Primus locus agit de ministrorum T°bhîri alternantium, Dargae (h. l. שׂישׁלא Aram. i. q. Hebr. שלשלת catenula, ut apud Chajugum, a figurâ dictae) et Mercae, ratione. Quae sic constituitur, ut si ministrum et T°bhîrum tres reges (vocales) intercedant, Dargâ ponatur, si duo vel minus, Mercâ; aliter ac apud Chajugum et ben-Bileamum, quorum posterior rectius duas tantum vocales vel unam cum Schevâ Dargae imponit. Excipiuntur, ut apud sequiores, tres itemque tredecim (vel potius duodecim) loci dubii vel controversi, ubi plerique codd. quamvis defectivo numero Dargam habent; idemque P°sîqo intercedente semper fieri ait, et si adsit nomen divinum יהוה. *Heidenheimius* l. c. fol. 27, b cum dixerat ben-Ascherum in citandis illis tredecim (duodecim) locis alios omisisse in Masorah huc relatos, alios commutâsse remque ex fontibus mss. eruere instituit: tamen eosdem locos affert, uno excepto Jes. 19, 25, etiam in Masorâ et Portâ acc. omisso, pro quo cum istis habet 2 Sam. 20, 6 (sic vero tredecim reverâ efficiuntur); nec plures duodecim locis, vel si tres priores addas, quindecim ex codd. suis et Masoris mss. profert.

Sequitur aliud capitulum, novâ inscriptione distinctum sed eodem pertinens, de T°bhîro ministrum sibi Mercam in eâdem voce (scil. pro Me-

thego) adscistente, si nihil nisi Sch°vâ (mobile) intercedat (h. e. in syllabâ purâ Methego aptâ), sin Sch°vâ et Pathach (Chat. Path.) in tribus tantum locis. Idem canon apud ben-Bil'amum et in Portâ accentuum (apud
Heidenh. fol. 26, b) sed accuratius traditus, omissis etiam falsis exemplis (sc.
quae anacrusi carent); Qalonymo quoque observatus, sed nec Masorae nec editionibus notus [16].

2. Alter locus est similis de Zarqae ministrorum, Munachi et
Mercae, vel potius de Mercae pro Munacho Zarqam antecedentis conditionibus (perperam inscriptus דרך אזלא ratio Qadmae, quod haec plerumque
praecedit). Canones sermonis quidem rhythmici ampullis obscuriores sed argumento ipso fere iidem ut apud ben-Bil'amum et in Portâ accentuum, quaedam
tamen propria sibi vindicantes [17]. Integrum locum exhibuit Heidenh. fol. 17, a
cum ben-Bil'amo collatum, sed non sine mendis. De singulis v. append. I.

3. Tertio loco veniunt quatuor (vel tria potius) capitula de versuum
in libris poeticis tum initiis tum clausulis h. e. de ministrorum Mercae (לְמַטָּה, inferior) et Munachi (לְמַעְלָה, superior) alternantium
usû in diversis versûs ditionibus. Haec pleraque recte et accurate sunt tradita,
istaeque reliquiae tanto minus contemnendae quo pauciora de metricis accentibus exstiterunt vel nobis servata sunt Judaeorum praecepta. Primum cap.
de Munachi et Mercae ratione agit in initiis versuum h. e. ante Zarqam,

---

16) Locus iste de distinctivo ministrum suum vel subdistinctivum in eadem voce Methegi
loco assumente multo latius patere constat. Nam praeter Zaqephum et Gereschum, quibus hoc
certâ lege et constanter fit, caeteri etiam plerique idem passim imitantur, ut Athnach et
Silluq (qui et subdist. Tiphchâh et ministros suos assumunt), Tiphchah, T°bhir, Paschtâ,
R°bia, ipsique ministri distinctivorum vicem gerentes, Mercâ, Mabpach et Dargâ; et eâdem quidem
numeri lege, ut syllaba et requirat Methegum, et praecedatur anacrusi aliquâ (quae quidem hucusque fere neglecta fuit). Verum loci cuique sunt tam pauci, inque his tantus codicum et editionum nec raro etiam Masorae a caeteris magistris dissensus, ut ratio sit admodum
fluxa et precaria. Neque hoc mirum: nam Mercah et Tiphchah, quae in codicibus nec non antiquioribus quibusdam libris impressis etiamnum virgulâ rectâ (non inflexâ) signatae deprehenduntur ac levi tantum inclinatione inter se differunt (quemadmodum etiam superiores ejusdem figurae Qadmah, Paschta et Geresch), primitus figurâ non diversae a Methego fuisse
videntur, neque etiam vi, si cum distinctivis suis in eâdem voce compositae Methegi locum
occupabant. Quod et testantur nomina huic cum illis communia, Ma'arich cum Mercah, M°
ajj°lâ cum Tiphchah; quae proprie sunt Methegi nomina, ad illas translata. Utique enim hae
ex Methegi virgulâ ortae, vel ad sinistram descendente ⁄, unde factus est conjunctivus Mercah, vel retro ad dextram ⟍, unde distinctivus Tiphchah (pariter Geresch et Paschta ex Qadmah).

17) Caeterum isti canones codicibus et edd. nostris parum apti, ut magistrorum solertia
operam fere perdidisse videatur. Quod in eo maxime cernitur quod Munachum cum P°siqo in
duobus tantum locis inveniri dicunt, cum in innumeris sit, et omnium usitatissimus.

2

ubi Mercah recte dicitur obtinere si cadat aut in primam literam aut in alteram praecedente Schᵉvâ vel syllabâ dagessatâ, exceptis tribus locis ubi Munach post syll. dagess. — Alterum cap. de „clausulis versuum" de Munachi et Mercae ante Silluqum ratione agit, ita recte constitutâ ut ille cadat aut in primam literam aut in alteram si praecedat tantum Schᵉvâ vel Chateph Pathach: sin vox parva Maqqephata, Mercah; quo dicto cum Mercah nimis arctis finibus coerceatur, in tertio cap. (quod eodem pertinet) commode additur, caetera omnia occupare Mercam. — Quartum (vel tertium potius) de Munacho et Gaʼjâ ante Tiphcham anteriorem disputat, sed ratione parum liquidâ; de quibus quod tradit eâdem voce conjunctis, nec codicibus nec aliorum praeceptis consentaneum (v. in append.).

4. Cap. מהלך נעיה inscriptum breviter tantum de Methego praecipit; scilicet esse in voce ubi (sequatur) Schᵉvâ et Pathach (Chat. Pathach), vel Schᵉvâ simplex, appositis etiam exemplis ubi sequitur Dagesch; excidere vero ubi sit Maqqeph.

5. Postremum cap. Pᵉsiqi rationes, de quibus caeteri silere solent, satis copiose et bene exponit, quinque hasce afferens: at dirimat 1) easdem literas in duabus vocibus conterminas, vel 2) easdem voces repetitas, vel 3) quas religio vetat conjungere, vel 4) sensus suadet sejungere; 5) accentûs (sc. conjunctivos), h. e. vi distinctivâ imbuat. Hunc locum *Heidenheimius* in librum suum fol. 31 integrum recepit, ejusque verbis Pᵉsiqi usum docere satis habuit.

Haec, in primo appendicis bibl. rabb. 1517 folio dispersa, fere sunt quae ben-Aschero tribuantur. Sed praeter haec, post longius intervallum in secundi folii pag. aversâ iterum occurrunt duo fragmenta de accentibus, quae tamen ben-Aschero posteriora esse tum ex ipso argumento et sermone non rhythmico augurari licet, tum vero inde certum est quod in alterius fine varietas lectionum ben-Ascheri et ben-Naphtali citatur. Primum אלה הטעמים ואלה שמותם inscriptum tabulam accentuum exhibet, verum ita comparatam ut loci quidam V. T. sistantur cum accentibus cuique vocabulo additis, velut Gen. I, 1 בראשית cum Tiphchah vel Tarchah (quae hoc quoque loco agmen ducit, ut apud ben-Ascherum et Chajugum), ברא cum Schopharo (Munacho), אלהים cum Athnachtâ, et in seqq. Maʼarich (Mercah), Dᵉchî (דחי h. e. Tiphchah ante Sillûqum, de quo infra ad Chajugum); deinde alios locos cum caeteris accentibus, ita fere selectos ut acc. distinctivi cum ministris suis sensim exhibeantur, post Tiphcham et Athnachum hoc fere ordine procedentes: Zarqa et Sᵉgolta, Mahpach et Peschta, Zaqeph magnus et par-

vus, Pazer magnus et parvus (h. e. Qarné Pharah), Talschâ (Tel. parvâ), Paseq (P°sîq), Qadmâ Az°lâ (Q. cum Geresch) etc.   In his plures duplici nomine occurrunt, ut Schôphar gadôl = Munach (quo nomine etiam apud Chajugum venire infra videbimus), סעפא[18] de Athnacho primam versûs vocem oc-
cupante, אשל (pr. funis h. e. linea vel virgula i. q. מַקֵּל apud caeteros) de
Qadmâ (Gereschi vicario ante Mahpachum); mirum autem plane quod pro Sillaqo
venit רביעא, in seqq. suo loco non memoratum. — Alterum fragmentum
מקצת משפט טעמים praecepta quaedam sistit de conjunctione accentuum sc. distinctivorum cum ministris suis: R°bî'i cum Munacho tam simplici
quam duplici aut cum Dargâ composito; T°bhîri cum Dargâ aut Mercah; Paschtae cum Mahpacho aut Mercah.   Quorum primam huic proprium et alibi, quantum memini, non obvium[19]; alterum simile illi quod apud ben-Ascherum, sed
minus copiose quam ab illo traditum, additamento tamen auctum de praecedentis
vocis accentû (Qadmah vel Munach), quem seqhiores etiam respicere solent, sed
plane alienum; postremum vero accuratius quam apud ben-Ascherum et Chajugum[20].

Singula vide in Appendice I. ubi textum exhibui quantum licuit emen-
datum et notis illustratum.

2. Alter duumvirorum est qui grammaticae Hebraicae pater celebratur,
R. JUDAH cognomine CHIUG vel CHAJJUG notus[21], qui circa a. 1020—40
p. Chr. Fessae in Mauritania florebat, urbe tum studiis literarum Hebraica-

---

18) Rectius aliis סטמא (unde סטומי in Masorah ad Lev. 18, 42 de vocibus Athnachatis),
quod Qalonymus recte exponit pelvis inversa quam figura Athnachi refert, a סתם Hebr.
Syr. prosternere, et Talm. verbum proprium vasis inversis aliisque impositis (übergestülpt).   Ad
vocem autem versûs primam cum restringat etiam El. Levita, vide an non sit a סטם Chald. impellere, סְתִים festinus, סירומא impetus, inde dictus quod ibi festinanter apparens non re-
spirare possit, a quo Athnachus dictus.

19) Alteram ejus partem v. apud Heidenh. f. 26, a, sed non allato auctore.

20) Hinc exempla Mercae desumsit Heidenh., praecepta ipsa ex ben-Bil'amo et Port. acc.
sistens.

21) Pleno nomine R. Jehuda Ben-David Mauro-Fessanus cognominatus Chajug, quemadmodum in catalogo grammaticorum apud Aben'ezram in libro Mozenaim vocatur.   Arabice vero Jachja Ben-David vel Abu-Zakaria additis perinde cognominibus Alphasi et Chajug s.
Chajugi. In quibus cum Jachja ben Davud sit pro Hebr. Iehudah ben David, Jachja idem intelligitur esse quod Jehudah. Omnia haec conjuncta in titulo libelli de punctatione, qui habet:
ר' יהודה ל' בר דוד נ' דבקרא יתיי, והוא חנקרא אבוזכריא והוא חיוג והוא
אלפאסי. Cognomen illud חיוג apud nostrates vulgatum Chiug, cum sit Arabicum, nunc Cha-
jûg vel Chajjûg invaluit, ut jam apud Balmesium (Luzzatto proll. p. 29).   Vis autem cog-
nominis prorsus ignota; unde variae conjecturae, quarum novissima a Leberechtio in epheme-
ridibus Halensibus a. 1845 prolata, corruptum esse apud Berberos ex Jachja.

2 *

rum inter Judaeos insigni. Hunc jam dudum constabat tres de quibusdam grammaticae Hebraicae capitibus composuisse libros, ex linguâ Arabicâ, quâ auctor pro illorum temporum more et rationibus conscripsit, non multo post a duumviris clarissimis MOSEH fil. GEQATILIAE et ABEN'EZRÂ in Hebraicam conversos. Qui postquam diu in bibliothecis delituerant, nec nisi in paucorum notitiam venerant (ut Jo. Morini et Rich. Simonii, quorum citationibus innotuerunt): jam tandem nuper in publicam lucem prodierunt [22]. Horum tertius, הניקוד 'ס ס. de punctatione (ed. Duk. p. 179—204) [23] tum de vocalibus agit (scilicet iis quae solis punctis continentur ă — ě, ā — ē, nominibus Pathach et Qames comprehensae, quas Chajug in libri primi prooemio consulto se dixerat omisisse ut nimis a proposito suo remotas), tum de accentibus. Jam iste de accentibus locus (ed. Duk. p. 191—99) qui שער שמות הניקור ועניניהם inscribitur [24], primum vocales Qames magnum et parvum, Pathach magnum et parvum, caeteraque puncta — Sch°vâ Dagesch Rapheh — iterum recenset; deinde ad accentus ipsos conversus primum catalogum texit, et dominorum quidem cum ministris suis vel subdistinctivis compositum, hujuscemodi [25]:

---

22) Grammatische Werke des R. Jehuda Chajjug aus Fetz, aus der Münchner Handschrift zum erstenmal herausgegeben und mit Noten versehen von *Leopold Dukes*. Stuttg. 1844. 200 pagg. 8°. Quae editio operis una cum Ewaldo editi, quod „Beiträge zur Geschichte der ältern Auslegung und Spracherklärung des A. T." inscripserunt, tertio tomo exhibetur. Est versio Aben'ezrae, cujus praeter hoc nullum aliud innotuit exemplum: nam caeteri codd. omnes Geqatiliae versionem exhibent. Verum hic textus satis male habitus, tum editoris incuriâ tum ipsius codicis vitio, et foedissimis mendis inquinatus. Accedit quod versio Aben'ezrae a Geqatilianâ, cujus specimen editor adjecit, valde discrepat, non verbis tantum sed ipso argumento. Unde veram auctoris manum nisi ex Arabico archetypo cognosci non posse intelligitur.

23) Hujus ratio a reliquorum satis diversa, tam argumento quam formâ. Nam cum illi de verbis anomalis s. infirmis accurate et copiose agant, hic in definiendis tum formae cujusque vocalibus tum accentibus, h. e. in praeceptis ad voces recte vocalibus et accentibus efferendas versatur, quemadmodum libelli instituendis lectoribus s. s. inservientes; neque id continua oratione et certo ordine, sed ex diversis tractatulis vel fragmentis, plerumque שער אחר inscriptis, compositus.

24) Titulus nomen exhibet latius patens ניקוד punctorum h. e. vocalium et accentuum: et ipsum tractatûs initium a vocalibus Qames et Pathach, Scheva etc. exorsum, repetit vocalium caeterorumque punctorum mentionem, quasi haec prima esset nec longa de eis praecesserit disputatio. Patet proprium tractatum esse et a caeteris alienum, quem pro rudi ejus ratione omnium antiquissimum censeas.

25) Infra in appendice II. hunc locum exhibebo ut habetur in codice Heimanni Josephi Michael, Hamburgensis, honestissimi viri nuper defuncti, qui apographum humanissime mecum communicavit.

Tarchá (vulgo Tiphchach), *Ma'arích* (Mercah), *Athnáchtá*, *Schóphar gadól* (ed. Duk. *qatōn* i. e. Munách), *Schóphar* קלקל (item Munach), *Maqqíph* (i. e. Mahpach), *Paschet* (Pasch'á), *Zaqeph qaton*, *Zaqeph gadól*, *Zarqá*, *Sch'rê* (שרי = Segoltá) *Dargá*, *T'bhír*, *Schalschéleth*, *D'chî*, *Tarsá* (= T'lischah magna), *Talschá* (T'lischah parva), *Qadmá Azlá* (Qadmah cum Geresch composita), *G'rísch* (Geresch solitarius), *Sch'nê G'rischín* (Geresch duplex), *Pazer parvus*, *Pazer magnus* (Qarnê pharah) qui hinc eâdem figurâ tum temporis usi fuisse intelliguntur, *Jérach ben jómó* (Jérach), *L'garmí* (al. L'garmeh), *Paseq* (P'siq), *S'gól* (S'goltá, iterum), *Samúch* s. *S'mích* (= Maqqeph), *Ma'arích* iterum (h. l. = Metheg [26]), *Jethíbh*, *R'bíá*.

Index fere absolutus, supra quam exspectaveris, nec quicquam nisi Sillûqum omittens, qui tamen in ultimo capite p. 197 occurrit; imo vero abundantia quaedam exhibens, ut *D'chî*, aut diversis nominibus bis memorata, ut S'goltá, Geresch, Munach. Nomina sic ut in antiquis tabulis usitata, exceptis *Schóphar gadól*, *Schophar* קלקל, מקיף et רחי, quae aliâs vîx occurrunt aut alio sensu. Et *Schophar gadól* quidem, Munachum significans, hoc nomine etiam in tabulâ alterâ ben-Ascheri fragmentis subjunctâ occurrere supra vidimus. Huic autem Sch. קלקל videtur esse oppositus, ergo i. e. *Sch. qaton* (quod cod. Monac. habet pro שׁ נדול), forte = קל קליל, [27]? Inauditum et mirum prorsus Mahpachi nomen מקיף. Denique רחי per se quidem non insolitum Tiphchae nomen, ut in tabulâ illâ post ben-Ascheri fragmenta; idem etiam infra p. 197 formâ רחויה obvium. Sensus quidem per se non obscurus: est enim a רחה impellere sc. ad lapsum, unde רחויה (ex Ps. 62, 4 forte) = lapsa, prostrata, et רחי impulsio, prostratio (ex Ps. 56, 14. 27); quibus Tiphchah appellatur simili ratione quam טרחא fatigatio, scilicet quod prope finem sententiae positus anhelum dicentis spiritum ac paene exhaustum et labantem indicat. Sed quid hoc loco sibi velit, longe post Tarcham iterum veniens, non liquet, nisi forte eam innuat quae est ante Sillûqum ut in tabulâ modo memoratâ. Nominibus addita sunt סימנים h. e. symbola s. signa mnemonica (voces memoriáles) in grammaticâ usitata tum literarum vo-

---

26) At in cod. Monac. est סמוך במאריך, quod paulo infra recurrit ubi de Methego in voce Maqqephatâ disputatur. Ma'arich vero proprium Methegi nomen esse hinc ad Mercam translatum v. supra not. 16. Est virgula s. linea producta (sc. ex puncto!) i. q. מקל.

27) Apud sequiores pro Munacho exstat etiam גְּלָל, quod forte idem, et ex illo corruptum.

taliumque, tum 12 accentuum, sed nec numero nec literis tabulae nominibus accommodata, et sine dubio aliunde petita.

Praemissis his nominibus eorumque symbolis jam accingit se ad alterum quod in inscriptione praestandum promiserat, ut eorum rationem explicet (לְבָאֵר עִנְיָנָם). Sequuntur, ut apud ben‑Ascherum, praecepta quaedam ad definiendum usum servorum ejusdem domini pro numeri ratione alternantium [28]: Mercae et Mahpachi ante Paschtam; Mercae et Dargae ante T‑bhîrum; Qadmae et Munachi (שׁוּפַר מלמעלה וּמלמטה [29]) scil. ante Gereschum ejusque vicarios. Numerum a quo pendet horum variatio perinde eo metitur prout quisque aut in primam literam aut in sequentium aliquam cadat (h. e. prout ictus levi thesi s. anacrusi praecedente aut suffultus est aut destitutus); quod in Qadmae cum Munacho variationem quadrat, at in caeteris rectius a ben‑Aschero et sequioribus ex vocalium (vel potius syllabarum) numero repetitur. — Addit alia apud sequiores non obvia: a) עִנְיַן סָמוּךְ בַּמַּאֲרִיךְ וְשׁוּפַר ratio (discrimen) Maqqephi cum Methego et Munachi h. e. cur vocala כִּי (in quibusdam locis) modo Munachum habeat modo Maqqephum cum Methego: quod ita definit, ut si sequens accentus cadat in primam literam, appareat Munachus, si in sequentes, Maqqeph. cum Meth.; canon futilis neque nostris codicibus consentaneus. b) Cur Zaqephus in eâdem voce pro ministro sibi adjungat Schopharum modo inferiorem (מלמטה) i. e. Munachum, modo superiorem (מלמעלה) [30]: quod eâdem ratione falso ita definit ut si accentus in primam lit. cadat, superior ponatur, si in alteram vel tertiam, inferior [31]. — Post aliena quaedam non ad accentuum sed vocalium locum pertinentia, alia venit quaestio accentuologica de discrimine Schophari [32] (כשואי (ed. Duk. נשואי) et Sch.

---

28) Quorum priora duo etiam in codice Judae. ben‑Bil'am tanquam Chajugi praecepta hac inscriptione: מאמר יחיי המדקדק i. e. dictum Jachjae (Chajugi) grammatici, appendicis loco exhibentur, ubi exstant in editione ben‑Bil'ami Parisiensi.

29) לְמַטָּה de Munacho opposito Qadmae etiam apud ben‑Bil'amum. Alibi sic Mercah opposita Munacho appellatur, ut supra apud ben‑Ascherum vidimus.

30) Qadmam Magistri Judaei vocare solent, sed est Paschta, subdistinctivus Zaqephi.

31) Verum horum rationem nec sequiores assecuti sunt, nec ipse Heidenheimius, qui fol. 13. 14. recte quidem vidit utrumque non cadere nisi in alteram Zaqephi syllabam (vel potius quam praecedit anacrusis aliqua), Munachum vero in eam quae Methego apta est (h. e. puram), sed alterius syllabam, ambagibus descriptam, non perspexit esse compositam, nec hunc agnovit esse Paschtam.

32) Cum idem fere sit quod apud sequiores עָלוּי (ut statim patebit), hanc cod. Mich. lectionem sequor, נְשׂוּאָי punctandam h. e. elatus s. elevatâ voce pronunciatus, ut עָלוּי; quod inde intelligitur quod praecedente anacrusi ictus altius erigitur, quemadmodum eâdem de causâ Munachum in Qadmam attolli videmus.

קלקל (sunt species Munachi): si in primam lit. cadat, ante Zaqephum esse קלקל, ante Athnachum vero נשואי, si in sequentes, perinde ante Zaq. ut ante Athn. esse נשואי. Vides idem fere discrimen esse quod apud sequiores in Munacho statuunt inter 'Illui (עלוי) et Mᵉcharbel (מכרבל). — Denique discrimen Pazeri magni et parvi ex servorum, Jerachi et Munachi (מיושב ש׳ מ׳ [33] h. l. dicti), diversitate definitur.

Supervenit inopinanti alius tractatus et novâ inscriptione a praecedente distinctus: שער טעמי המקרא ומשרתיהם (quemadmodum fere libellus ben-Bil'ami), et argumenti plane diversi. Hic et ipse accentûs recenset, sed curatius in sex classes et ordines divisos. Primum in prosaicos 21 librorum V. T. et metricos trium libb. אמת. Deinde prosaicos in 12 dominos (טעמים) et 8 ministros. Illos vero in tres ordines pro cujusque tono vel cantu (h. e. pro eo loco quem quisque in versûs s. periodi modis occupat): 1) ידיעה, cui accenset Pazerum Tᵉlischam et Tarsam (Gereschum); 2) העמדה, cui Jᵉthibhum, Zaqephum et Athnachum; 3) עלוי, quo reliquos deputat Zarqam, Lᵉgarmeh, Rᵉbiam, Tᵉbhîram, Tiphcham et Sillûqum (סליק); ratione satis obscurâ. Similes tamen apud ben-Bil'amum occurrit (qui pro ידיעה planius habet ירים הקול ויעלהו, et פונח pro העמדה, paulo distinctior, sed non minus impedita (de qua infra). Numerus 12 dominorum, qui et apud ben-Ascherum, hinc apud sequiores obtinuit, quamquam frivolâ ratione constitutus. Ministrorum catalogus et defectivus et pluribus dominis corruptus; quorum nomina ex „Tiberiensium linguâ“, ut ait, haecce: שופר (Munach), Talschá parva (זעירא) et magna (!), Schophar חפוך (Mahpach), אזלא (Qadmah), Mercá, Schalschéleth (h. l. forte pro Dargá, quae ben-Aschero eodem nomine sed Aramaice שישלא, aliis גלגל a figurâ tortâ) et דחויה (idem sine dubio qui supra דחי i. e. Tiphchah). — Metrici trium librorum octo domini et totidem ministri numerantur; domini quidem et ipsi in tres ordines divisi: 1) ידיעה ubi Pazer et Zarqa, 2) עלוי Rᵉbía‘, 3) העמדה Lᵉgarmí, Jᵉthíbh, Athnách, Tiphchak et Sᵉlíq vel SóphPasúq. Totidem et iisdem nominibus eodemque ordine recensitos videbimus apud Simsonem Hannaqdân (qui hausit ex Judah ben-Bil'am): unde eosdem esse nominaque eodem sensu accipienda patet. Apud Simsonem vero Rᵉbía‘ eum quoque complectitur qui nobis Rᵉbia' Gereschatus; Lᵉgarmeh est Mahpach et Qadmah Pesiqo suffultus (Pᵉsiqatus); Jethíbh est Tiphchah anterior (inde dictus quod eodem modo accentûs

---

33) i. q. מונח positus, solo insidens. Idem nomen apud sequiores pro Rᵉbí‘o venit, scil. Hebraicum pro Aramaeo, ut ait Heidenh. f 6.

figura ante ipsam primae literae vocalem retrahitur), *Tiphchah* recte dicitur qui nobis male R°bia° Gereschatus audit (nam quae R°bi°o ad dextram apposita est virgula non est Geresch sed reverâ Tiphchah, cujus et locum et vim habet). Jam vero ordines illi in quos distinxit dominos singulis satis apti esse intelliguntur. Patet enim eos qui ad priores ידיעה et עלוי referuntur — Pazer, Zarqa, R°bhia° — reverâ elevati esse toni (Hochton), caeteros, qui tertium העמדה constituunt, ubi oratio ad finem periodi vergit, cadentis et depressi (Tiefton); quod et sede accentuum indicatur. Hinc prosaicorum divisionem depravatam esse putaverim. — Ministri autem perversissime iidem fere octo exhibentur qui supra in libris prosaicis (nisi quod Az°lah desideratur, quod tamen lapsû tantum factum ex numero deinde allato apparet); additis tamen duobus, Schophar כחת et צכור (pro quo eod. Mich. מקל חרטי): unde in clausulâ adjectâ numerus eorum decem constituitur. Haec tabula a sequioribus, ut ben-Bil°ami apud Simsonem, satis diversa est, sed lucis inde aliquid petere potest. Ibi enim inter ministros 1) דחויה Tiphchah, et ea quidem quae passim occurrit in ditione Athnachi, vel eorum qui hujus locum occupant, ante Mercam, ministri plerumque munere fungens. 2) Sinnôr vel potius Sinnorith = Zarqâ Mahpachum vel Mercam in eadem voce, si prima syllaba sit pura, praecedente (de nominis ratione v. supra not. 15.). 3) Schophar כחת Aram. i. q. יֹורֵד descendens i. e. infra positus, inferior, quod saepius, praesertim in metricis, occurrit oppositum superiori (עולה), i. q. למטה oppos. למעלה (cf. מוכה et עלוי); quibus modo Munachum a Qadmâ, modo Mercam a Munacho distingui supra vidimus. Sed de his vix cogitandum, cum jam adsint in tabulâ. Rectius vero Mercam mahpachatam esse duxeris, quam עולה ויורד appellant Judaei certe sequiores (non ben-Bil°am et Simson), pro quo etiam simpliciter dicitur יורד, respectâ tantum Mercâ, cui primaria pars ac fere unica in hoc accentu constituendo tribuebatur, unde in codd. saepissime sola conspicitur, quam a Judaeis specie deceptis constat non pro domino agnitam esse.

Haec excipiunt observationes de accentuum (dominorum) consecutione: quinam repeti possint, et quoties quisque repetitus occurrat; ubi obiter et ex abrupto de discrimine in figuris dominorum et ministrorum signandis observando (illos scilicet ad laevam scribentis (?) sed rectam legentis poni, hos contra); de J°thhibho (ש׳הרהפוך) qui מוכרת separatûs sc. a nexu cum seq. i. e. distinctivus, interpungens) ex dominorum numero, et Ga'jâ ex utroque omittendo. Postremo duo versûs exhibentur, in quibus undecim טעמים (distinctivi) habentur, ut unus tantum in utroque desideretur: 2 Reg. 1, 5. Hez. 39, 9.

Appendix I.

Fragmenta libelli ben-Ascheri de accentibus ad calcem bibl. rabb. ed. Fel. Prat. 1517.

זה ספר מדקדוקי הטעמים שהחביר רבי אהרן בן אשר ממקום
מעזיה הנקראת טבריה אשר על ים כנרת מערבה אלהים יניחהו על
משכבתו ויקיצנו עם ישני אדמת עפר המשכילים והמזהירים יזהירו כזוהר
הרקיע בגן עדן:

I. Tabula accentuum. [1)

שער הטעמים [2) שנים עשר רשומים · במאורות מקויימים · מהם קטנים ·
ומהם רמים · חרוזים ולא נעלמים · בפי נבונים וחכמים · בשום שֵׂכֶל · [3) חתומים :
תחלה היא הטפחה · אשר לאחיה [4) · מתוחה · במהרה בא לשיחה · וסמוך לה
אתנחה : שניה היא הנגדה · היוצאת ביד ברעדה · מבטלת כפה בלמידה :
שלישית היא מארכה מחברת לאחותה · בארוכה [5) · ימין ושמאל נסוכה ·
עומרת כחץ דרוכה : רביעית היא תברא · נמשכת בכל המקרא · כמהפכת
היד לברדה · קבועה בתוך תיבה כקורה : חמישית היא חזק · מכל טעם
שקף · מיוסר באצבע שקף : ששית היא המסכן · שהיא לתחתית שכן · בשני
מקלות לתכן · כדלעל שעל דוכן : שביעית תלשא בשני טעמים חשה ·
לפנים ואחור נשה · [6) ונודדת טעמים בדרישה : שמינית היא הנקראת טרס ·
נדחה בשני אצבעות כפרס · מחבר בלי חרס [7) : תשיעית היא צנורי · ולפני ·
קבלה להורי (?) · מנגח ושכול כארי : עשירי היא שופר · תוארו בו ישפר ·
מנגח כשור וכפר [8) · נעימתו בל תיפר : אחד עשר היא פשטה · בחיך
ובלשון קשוטה · ובשני טעמים פשוטה [9) : שנים עשר מגביה וחוזר ·
ובלשון מתפזר [10) : אלו חטעמים שנים עשר · מלאים בלי מחסר · בדעת
ובמוסר · וזה עם זה כאסר · כגבור ושר : והשופר הרבה משרת עולה · ומעלה
ויורד ועולה :

---

1) Initium v. apud Dukes literarh. Mittheill. p. 129. ex cod. Luzzatti. — 2) cod. Luzz.
סדר סוד ה׳ . — 3) Alluditur ad Neh. 8, 8. ex mente Talmud. Megill. Bab. cap. 1. fol. 3. Ne-
dar. f. 37, 2. — 4) cod. Luzz. לאחור . — 5) alluditur ad Mercae etymon. — 6) an שֵׂשָׂה
= saltat, huc illuc transsilit, discurrit? cf. seq. נודדת . — 7) חרס opinor pro
חָרֶשׂ testa: „conjunctus sine ruptura". Eadem formula infra II, 2, ubi tamen הרס (ex Jes.
19, 18?) eodem sensu. — 8) lusus etymologicus in שׁוֹר et פר ad שׁופר . — 9) etymon Paschtae.
— 10) hoc alludere videtur ad Pazerum.

3

וְשִׁבְעָה מְשָׁרְתִים לַטְּעָמִים הָרְוָחִים: רִאשׁוֹן אַזְלָא־לְעוֹלָם עוֹלֶה־וּמַעֲלֶה
וְיוֹרֵד וְעוֹלֶה: שֵׁנִי רְבִיעַ [11] ־לַטְּעָמִים יוֹפִיעַ־וּבָדָם יַפְגִּיעַ: שְׁלִישִׁית זְקֵפָה
קְטַנָּה עֲרוּפָה: רְבִיעִי עִם גַּלְגַּל בְּלוּלָה: חֲמִישִׁי גַּרְשַׁח מְטַעֲמִים לֹא פְּרוּשָׁה:
שִׁשִּׁי מְטַעֵם־מְיֻחָד בְּכָל טַעַם־בְּרַעַשׁ וּבְרַעַם: שְׁבִיעִי גַּעְיָה־עִם כָּל טַעַם
רָאוּיָה־וְהִיא מֵהֶם חֲנוּיָה: זֶה כְּלָל הַטְּעָמִים מְשָׁרְתִים נְעִימִים־מְגֻלָּלִים
(מְגֻלִּים pro) וְלֹא סְתוּמִים־מִפִּי סוֹפְרִים־לְעוֹלָם סְמוּכִים־לָעַד לְעוֹלָמִים־עֲשׂוּיִים
בֶּאֱמֶת וְתָמִים־אַשְׁרֵי אָדָם מָצָא חָכְמָה וְאָדָם יָפִיק תְּבוּנָה:

II. Praecepta quaedam de usu ministrorum.

1. De Dargae et Mercae ante T^ebhirum alternantium usu.

Cf. Heidenh. fol. 27, b seqq.

סִימָן שִׁישְׁלָה וּמְאַרְכָה־כַּאֲשֶׁר יִהְיֶה בֵּין טַעַם לְטִיבְרָא ג' מְלָכִים יִהְיוּ ‏.1‏ ‏.א
בְשִׁישְׁלָה נִמְשָׁכִים [12] ־וְאִם יִהְיוּ שְׁנֵי מְלָכִים אוֹ פָּחוֹת־יִהְיֶה בַמְאָרְכָה לִדְבַר
צָחוּת־כְּמוֹ וַיָּבֹא מֹשֶׁה (Ex. 24, 3) ־וַיִּתֶּן דָּוִד (1. Chr. 21, 25) ־וַיָּבֹא חֻשַׁי
(2 Sam. 15, 37) ־חוּץ מִפָּסוּק אֶחָד כִּי אֵין לַעֲמֹד (Ezr. 9, 15) ־תַּעַל ג' פְּסוּקִים
נֶחְלְקוּ סְפָרִים וְסוֹפְרִים [13] הָרִאשׁוֹנִים־וּבְנֵי אֲשֶׁר יִמְנָה וְיִשְׁוָה (Gen. 46, 17.
et 1. Chr. 7, 30. ־לֹא תִהְיֶה מְשַׁכֵּלָה (Ex. 23, 26) ־וּמִיכָאֵל וְיִשְׁפָּה וְיוֹחָא
(1. Chr. 8, 15) ־וְשָׁאַר הַמִּקְרָא עַל זֶה [14] ־אִם בִּשְׁלֹשָׁה מְלָכִים אוֹ יוֹתֵר יִהְיֶה
בְשִׁישְׁלָה וּתִיבְרָא־וְאִם בִּשְׁנֵי מְלָכִים יִהְיֶה מָאָרְכָה וּתִיבְרָא־חוּץ מִי'ג פְּסוּקִים
עֲלֵיהֶם חוֹלְקִים־וְאַבְרָהָם הָיוֹ יִהְיֶה (Gen. 18, 18) ־[אֶת־דָּם הַשְּׁלָמִים] [15]
לוֹ תִהְיֶה שׁוֹק (Lev. 7, 33) ־וְכִי יִגֹּף שׁוֹר־אִישׁ (Ex. 21, 35) ־וַיֵּשְׁבוּ בֵּין בֵּית־אֵל
(Jos. 8, 9) ־וַיָּשִׂימוּ אוֹתָם אוֹרֵב בֵּין בֵּית־אֵל (ibid. v. 12) ־אַרְבַּע מֵאוֹת אִישׁ־
נַעַר (1. Sam. 30, 17) ־וְכֹל אֲשֶׁר אֵין־לוֹ דִּמִשְׁנֵה תוֹרָה (Deut. 14, 10) ־אֲשֶׁר
בֵּרֲכוֹ [16] (Jes. 19, 25) ־כַּשֹּׁד שַׁלְמָן (Hos. 10, 14) ־הֲפֹךְ יָדְךָ דִּדְבְרֵי הַיָּמִים
(2. Chr. 18, 33. sed et 1. R. 22, 34.) ־כִּי לֹא יוֹכְלוּ (2. Chr. 30, 3) ־אֲשֶׁר
תִּמְצָא יָדְךָ (Qoh. 9, 10) ־וְאִית דְּאָמְרֵי מָאָרְכָה־וְכָל פָּסֵק דְּכֻוָּתֵיהּ שִׁישְׁלָה־ ‏.ב
כְּמוֹ וַיֵּחָלֵק עֲלֵיהֶם לַיְלָה (Gen. 14, 15) ־יְמַהֵר יָחִישָׁה מַעֲשֵׂהוּ (Jes. 5, 19).
כָּל דִּקְדוּקִים לֹא דָּבַר ה' (.i e. יַחוּחַ) [18] לְעוֹלָם בְּשִׁישְׁלָא נִכְתַב וְנִקְרָא כְּגוֹן [17]
צִוָּה ה' ־דְּבַר ה' :סִימָן תִּיבְרָא וּמָאָרְכָה אֲשֶׁר יִהְיוּ בְּתֵיבָה אַחַת־כָּל תֵּיבָה ‏.2

---

11) Sic pro רביעי legendum esse rhythmi sequentes suadent. — 12) pro יהיה נמשך
sc. vocabulum. — 13) sic legendum (ut Heidenh. fol. 28 a) pro 'ספרי' 'ס. — 14) sc.
יתנהג, ut in seq. cap. — 15) non est locus proprius sed initium versùs ex quo desumtus sequens.
Idem accidit Portae accentuum non in hoc tantum loco sed et Jos. 8, 9. Hos. 10, 14, et in
isto etiam Masorae. Unde apud hos omnes falso 13 numerati pro 12. — 16) hic locus non
exstat apud caeteros (nec ap. Heidenh.), qui pro eo habent 2. Sam. 20, 6. Hoc addito numerus 13 locorum completur. — 17) Hic in textu ed. falsum est intervallum apposito סימן
majusculo, quod ad sequens cap. pertinere necesse est. Praeceptum ipsum aliàs non vidi nisi
in ultimo fragmento his adjecto. — 18) sic leg. pro דברה, לֹא autem aut ejiciendum aut כל
legendum.

אשר יהיה בה מארכה ותיברא כגון וַיֵּשְׁבוּ בְּבְאֵר שֶׁבַע (1. Chr. 4, 28) · יָרֵךְ
תהיה בו בראשונה (Deut. 13, 10) · אֶת־יֹשְׁבֵי הָעִיר (Deut. 13, 16) · וּיִּגְבְּעוּ
(Jos. 8, 15) · ישתרגו (Thr. 1, 14) · יָרְדוּ · שָׁכְבוּ: כל המקרא על זה
יתנהג ·, אין בה (בא) בין תיברא למארכה בתיבה אחת אלא שבא[19] בלבד·
חוץ מן ג' פסוקים במארכה ותיברא בתיבה אחד (אחת) וביניהן שוא ופתח·
וַתַּעֲלוּ עַל שְׂפַת (Ez. 36, 3) · אַל תִּלָּחֲמוּ (2. Chr. 13, 12) · וידרש יחזקיהו
עַל־הַכֹּהֲנִים[20] (2. Chr. 31, 9):

2. De Mercae pro Munacho ante Zarqam alternantis usu.
Cf. Heidenh. fol. 17, a.

סִימָן דֶּרֶךְ אַזְלָא (Qadmâ) הָעוֹלָה הִיא לְמַעְלָה · אִם יֵשׁ לְפָנֶיהָ[21] שׁוֹפָר
וּגְעִיָּה וְזַרְקָה עִמָּהֶם חֲנֵיָה · גַּעְיַת שׁוֹפָר לְמַטָּה[22] שְׁנֵיָּה[23] · כְּמוֹ וּבְיוֹם
שִׂמְחַתְכֶם וּבְמוֹעֲדֵיכֶם (Num. 10, 10) וְהִשְׁבִּיעַ הַכֹּהֵן אֶת־הָאִשָּׁה (Num. 5, 21)
כֹּל יִשְׂרָאֵל הַנִּמְצָאִים (2 Chr. 31, 1) · חוּץ מן פסוקים שבעה · דרכם מזו
נגרעה[24] · יבא עמהם תלשא או תרס[25] מחובר בלי הרס · ואשֶׁר יבא את
רֵעֵהוּ בַיַּעַר (Deut. 19, 5) [וְתָאַר הַגְּבוּל וְנָסַב לִפְאַת יָם[26] · אֲשֶׁר עַל פְּנֵי
בֵית־חוֹרוֹן (Jos. 18, 14) · וַיִּשְׁלַח חִירָם מֶלֶךְ־צֹר מַלְאָכִים (1 Chr. 14, 1)
et 2 Sam. 5, 11) וַיָּבִיאוּ אֶת־רֹאשׁ אִישׁ־בֹּשֶׁת אֶל־דָּוִד (2 Sam. 4, 8)
בֵּאדַיִן קְרִבוּ וְאָמְרִין קֳדָם־מַלְכָּא (Dan. 6, 13) · וַאֲשֶׁר יִשְׁמְעוּ וְיַעֲבִירוּ קֽוֹל
בְּמַחֲנֶה[27] · וְכֵן כֹּל דֶּרֶךְ פָּסֵק עַל זֶה הַדֶּרֶךְ יָרוּץ · בִּדְבַר חָרוּץ[29] · חוּץ מִשְׁנֵי[28]
פְּסוּקִים · בְּטַעְמָם נִפְסָקִים · שׁוֹפָר וּפָסֵק עִמָּהֶם שְׁרֵיָה · וְאֵין כְּמוֹהֶם בְּכָל
הַקְּרִיאָה · כְּמוֹ וַיֹּאמֶר אֲלֵהֶם רְאוּבֵן (Gen. 37, 22) · הִנֵּה חָרַדְתְּ אֵלֵינוּ
(2 Reg. 4, 13) · וְג' פְּסוּקִים נְכוֹנִים · מֵאֲחֵיהֶם[30] · נִשְׁתַּנִים[31] · אִם יֵצְאוּ
בְנוֹת־שִׁילוֹ (Jud. 21, 21) וְלֹא־יֵאָמֵר עוֹד[32] · לָאוֹצָרוֹת לַתְּרוּמוֹת
(Neh. 12, 14) · וּב' פְּסוּקִים מְיֻחָדִים · בְּטַעַם לֹא נִפְרָדִים · מָארְכָה
וְשׁוֹפָר וְזַרְקָא צְמוּדִים[33] · הוּא מִסְפָּר לַמֶּלֶךְ (2 Reg. 8, 5) אֲשֶׁר לֹא מֵעִמָּךְ

1. praec. Qadmah.
a. cum Ga'ja.

b. cum Pesiqo

c.
d.

---

19) i. e. Scheva pro שוא quod statim. Utraque forma apud Chajugum et sequiores quoque promiscue usitata, sed usitatior שוא. — 20) caeteri enim ejusmodi loci habent Metheg — 21) imo אחריה. — 22) i. e. in Mercam, sic vocatam et ben-Bil'amo (apud Heidenh. 16, a.) — 23) Heidenh. male חנויים et שמיים. — 24) h. e. vel Munach habent cum Ga'já, vel Mercá sine Ga'já. Eosdem ben-Bileam citat tanquam variationis vel discrepantiae aliquid habentes; certe in his codd. variant (ut 2. S. 5, 11. Dan. 6, 13. Ex. 36, 6). Porta acc. silet. Heidenh. in Mas. cod. mscr. ad 2. S. 5, 11 septem locos cum Mercá notari dicit. — 25) pro תרסא i. e. Telischa parva. Heidenh. habet טרס, sed isti hic nullus locus. Caeterum Telischam immiscet plane alienam. — 26) non est locus proprius, sed cohaeret cum seq. 27) Ex. 36, 6. Sed prima verba non ibi extant, sed desumta ex Neh. 8, 15 loco ejusdem generis, quem pro illo habet ben-Bil'am. Quae Exod. 36, 6 praecedunt non exhibent Telischa. — 28) h. e. altera ratio Mercae pro Munacho positae est Pesiq appositus. — 29) Formula explendi tantum rhythmi causá adjecta, similis לדבר צחות. — 30) Heidenh. male מאחרי. — 31) Sc. ubi Qadma et Merca eadem voce conjunctae. — 32) sic recte Heidenh. pro בני. — 33) hoc nomini sequiorum observatum, nisi ben-Bil'amo.

ישראל (2 Chr. 6, 32) · וכל שופר אחד · לפני זרקא מיוחד [34] · חוץ מן

עשרה פסוקים [35] · על זה חולקים · ומדרך זה נתוקים · כי תשא את־ראש

בני־ישראל (Ex. 30, 12) · לכן אמר לבני־ישראל (Ex. 6, 6) · בכל אשר

התהלכתי (2 Sam. 7, 7) · וחברו (parall. 1 Chr. 17, 6) · שור ומריא וצאן לרב

(1 R. 1, 19) · וחברו (ib. v. 25 [36]) · וחצי שבט־מנשה (1 Chr. 5, 18) · ויעלו

בבעל־פרצים (1 Chr. 14, 11) · נספה מפני־צריך (1 Chr. 21, 12) · כנגד

היושבים (Ruth 4, 4):

3. De Mercae et Munachi in libb. poeticis alternantium usu.

a. in initiis versuum, ante Zarqam.

סימן ראשי הפסוקים · אשר בשלשת הספרים חקוקים · תלים

ואיוב ומשלי חשוקים: אם ראש הפסוקים באותו הנסוק · בדגש עסוק

בדגש (ברגש?) נאמו · ולמטה [37] טעמו · בלשון ינעימו · ולא למעלה ירימו ·

כגון רבים אוטרים (?) · חנני יהוה (Ps. 6, 3) · משוד עניים (Ps. 12, 6)

הלילה ההוא (?) · וזהו עניינכם · ויופי סימנם · כאשר יהיה בין הטעם בראש

התיבה חרושה · או עם הטעם הנצב · בראש התיבה במחצב · גם למטה

נקצב · כמו מי זה (Ps. 24, 8 [38]) · אתה סתר לי · כי בך חסיה

(Ps. 57, 2): ואם באות השני מן התיבה · יקדם לה שוא נצבה · בלשון

דבובה · בשפה ערבה · גם הוא למטה · בלשון מבטה · כמו יפה נוף (Ps. 48, 3)

הלא ידעו (Ps. 14, 4) · פחדו פחד [39] (Ps. 53, 6) · כגפן פריה (Ps. 128, 3)

פצני והצילני (Ps. 144, 11) · וצאן מרעיתך (Ps. 79, 13) · חוץ מן ג' פסוקים

על אלו חולקים · כי הטעם באות דגשה · וטעמו למעלה [40] · למנצח אל־

תשחת · אנא ה' (Ps. 59, 1) · (אנה יהוה an Ps. 116, 16?) · ומה לא־תשא

פשעי (Job. 7, 21) [41]:

b. in clausulis versuum, ante Silluqum.

סימן סופי פסוקים · תלים ואיוב ומשלי חשוקים · ידע הקורא אשר

בשלשה ספרים קורא · כי בסופי הפסוקים אם יהיה טעם · בראש התיבה יונעם ·

באות ראשון ינעם · למעלה טעמו · ובפיו יריטו · ושופר ישימו · כמו לא

ישב (Ps. 1, 1) · שפטי ארץ (Ps. 2, 10) · ואם באות השני מן התיבה טעמו ·

ושוא תקדימו · למעלה טעמו · לרום יריטו · כמו ודמו סלה (Ps. 4, 6) · למען

חסדך (Ps. 6, 5) · וילד שקר (Ps. 7, 15) · בדור צדיק (Ps. 14, 5) · לארך ימים

(Ps. 23, 6) · בדרך יבחר (Ps. 25, 12) · ואם יהיה באות ראשון · שוא

ופתחה ודגשון (?) · דרכו על סימן ראשון · יהי למעלה בלשון · ולרום

בלחשון · אני כליותי (Ps. 39, 11) · אשר פדית (Ps. 71, 23) · אשר כוננת

---

34) h. e. si servus solus est (non stipatus praecedente Qadmâ), est Munach. — 35) totidem et eodem fere ordine Porta acc.; Bil'am ut Jequtiel et Qalonymus habet novem et alio ordine. — 36) hunc et Port. acc. affert, at Bil. omittit. — 37) h. e. Mercah. — 38) sed ibi edd. Maqqeph habent. — 39) in edd. Maqqeph. — 40) h. e. Munach. — 41) contrarium, ubi Munachus ponendus, siletur, siquidem ex illis per se patet.

עָשָׂה מִלְחָמָה (Ps. 21, 4) עֲטֶרֶת פָּז (Ps. 10, 6) אֲשֶׁר לֹא־בְרַע (Ps. 8, 4)

ad. 2.‏ וְאִם בִּשְׁתֵּי הַתֵּיבוֹת טַעַם סוֹף הַפָּסוּק כְּנֶאֱמוּ · וְתֵיבָה

‏ קְטַנָּה עִמּוֹ · וּשְׁתֵּי אוֹתִיּוֹת מִסְפָּרָהּ ⁽⁴²⁾ · לְמַטָּה מֵאֲמָרָה · בְּאוֹת רִאשׁוֹן נֶאֱמָרָה ·

כְּמוֹ עָתְקוּ גַּם־גָּבְרוּ חָיִל (Job. 21, 7) כָּל־חוֹסֵי בוֹ (Ps. 2, 12) (כָּל־)

פֹּעֲלֵי אָוֶן (Ps. 5, 6) כָּל־יֹשְׁבֵי חָלֶד (Ps. 49, 2) · כִּי תֵיבָה קְטַנָּה · עִם גְּדוֹלָה

תְּבוּנָה · כְּאַחַת מִשְׁכְּנָה · וּלְמַטָּה טַעֲמָהּ · וּבַלָּשׁוֹן לֹא יְרִימָהּ: וְחֲסִימָן ⁽⁴³⁾ חֲזֵה עַל

שְׁנֵי פָנִים · לְעוֹלָם לֹא מִשְׁתַּנִּים · אַחַת בְּרֹאשׁ הַתֵּיבָה · וְהַשֵּׁנִית בְּאוֹת הַשֵּׁנִית מִן

הַתֵּיבָה · אִם קוֹדֶם לוֹ שָׁוְא · עִמּוֹ מִשְׁתַּחֲוֶה · כִּי כָּל תֵּיבָה קְטַנָּה מִשְׁתֵּי אוֹתוֹת

אֲשֶׁר תִּסְמֹךְ לְתֵיבָה גְדוֹלָה · יְהִי דַרְכָּם דֶּרֶךְ תֵּיבָה אַחַת בְּטַעַם · וְתִהְיֶה

נִמְשָׁכָה בְּטַעַם מֵאָרְכָה ⁽⁴⁴⁾ · אֲבָל אִם יִהְיוּ שָׁלוֹשׁ תֵּיבוֹת ⁽⁴⁵⁾ כֻּלָּם לְמַעְלָה ·

כְּמוֹ בִּמְזִמּוֹת זוּ חָשָׁבוּ (Ps. 10, 2) עֵינֶיךָ בִי וְאֵינֶנִּי (Job. 7, 8) כְּרֻמָּה לָהֶן:

2. Mercah.‏ וּשְׁאָר סוֹפֵי פְסוּקִים טַעֲמֵיהֶם לְמַטָּה · בְּמֵאָרְכָה הִיא נִמְשָׁכָה · כְּמוֹ יוֹמָם

וָלַיְלָה (Ps. 1, 2) אֲנִי הַיּוֹם יְלִדְתִּיךָ (Ps. 2, 7) אַתָּה תְשַׁבְּחֵם (Ps. 89, 11)

אַחַת אֵל (Ps. 90, 2):

c. De Munacho ante Tiphcham anteriorem.

a. cum Ga'jah.‏ סִימָן כָּל תֵּיבָה קְנוּיָה ⁽⁴⁶⁾ · בִּג׳ סְפָרִים מְנֻוָּיָה · אִם בַּגַּעְיָה · יִהְיֶה שׁוֹפָר

לְפָנֶיהָ וּטְרָחָא ⁽⁴⁷⁾ מְצֻוָּיָה · כְּגוֹן לְךָ־אֶזְבַּח זֶבַח תּוֹדָה (Ps. 116, 17) לְכָל־

תִּכְלָה רָאִיתִי קֵץ (Ps. 119, 96) קְצַר־אַפַּיִם יַעֲשֶׂה אִוֶּלֶת (Pr. 14, 17) גְּדָל־

חֵמָה נֹשֵׂא עֹנֶשׁ (Pr. 19, 19) בְּבֹא רָשָׁע בָּא (Prov. 18, 3) בְּנֵי נָבָל גַּם־בְּנֵי

b. sine Ga'jah.‏ (Job. 30, 8) · וְאִם בְּלֹא גַעְיָה חָצָא · שׁוֹפָר בַּתֵּיבָה הָרִאשׁוֹן תִּמָּצֵא

c.‏ וְלִפְנֵי טְרָחָא תֵּרָצֶה · כְּגוֹן לְכוּ וּרְאוּ מִפְעֲלוֹת (Ps. 66, 5) לְךָ שָׁמַיִם אַף־

לְךָ (Ps. 89, 12) רְצוֹן מְלָכִים (Prov. 16, 13) · וְכֵן בְּתֵיבָה אַחַת אִם יִהְיֶה

בָהּ גַּעְיָה ⁽⁴⁸⁾ לְעוֹלָם אֵין בְּשׁוֹפָר מְצֻוָּיָה · חוּץ מִשְּׁלֹשֶׁת בְּכָל הַקְּרִיָּה ·

---

42) h. e. si accentus **duas voces** occupat (sc. Maqqepho conjunctas, quod mox planius affertur), quarum prima est vocula duarum fere literarum. Hâc enim integrae syllabae anacrusis efficitur, quae Mercam requirit, ut in postremo loco traditur, ad quem haec releganda erant. — 43) Falso in textu ed. novum argumentum novo versu et majusculis vocis primae literis signatur. Non est novum capitulum sed clausula praecedentis, quâ supra allatis addito contrario tota quaestio absolvitur. — 44) haec aut repetitionem eorum quae primo loco tradita sunt continent plane importunam, aut potius ea quae modo dicta erant de vocibus maqqephatâ aliâ stipatis distinctione augent inutili. — 45) h. e. discretae, non Maqqepho conjunctae. — 46) Quid hoc sibi velit vix intelligo, nisi sit vox **constructa**, quae in alterius ditione et potestate tenetur. Apud Simsonem קונים dicuntur **pronomina**, quae cum sint omnium fere linguae partium semina, illas quasi possidere vel creare videntur. Voces dein allatae utique omnes ministro vel Maqqepho conjunctae cum Tiphchah. De his autem quid statuat noster primo loco, si sint cum Ga'ja, satis obscurum. Videtur omnibus Ga'jam cum Maqqepho imperare, ut pleraeque in codd. et edd.: sed quis tunc Munacho locus? Quem h. l. exclusisse inde quoque intelligitur quod altero loco, si absit Ga'ja, eum introducat. — 47) an leg. לִפְנֵי, הַטְּרָחָא, ut infra? Ante Ga'jam certe Munachum vix statuerit. — 48) scilicet in eadem voce cum Tiphchah.

יש בהם שופר .וגעיה [49] ּתְהֻמְבִּינֶחֶךָ יַאְבְרִיכֶץ (Job. 39, 26) הֲתַיִרְאָתְךָ יוכיחך

(Job. 22, 4) חֲמַעְזְבִים (Prov. 2, 13) [50]:

4. De Pesiqi usu cf. Heidenh. fol. 31, a.

באור הפסיק · הפסיק יהיה לחמשה דברים · כאשר תקפו החוזים
הישרים · האחד · להפריד אות [51] מחברתה · שהיא כמוה ובאה לקחחה · לביאור
הלשון · בנעימת לחשון · כמו להגדיל' למעלה (1. Chr. 22, 5) וברזל' לרב
(ibid. v. 3) בבל לגלים' מעון (Jer. 51, 37) : שנית שתי תיבות · זו לעמת
זו כתובות · כגון יהוה' יהוה [52] יום · האח' האח · סביב' סביב · אמן' אמן ·
הבוגד' בוגד (Jes. 21, 2) : שלישית ל**י**ראה שלא יסמכו שתי תיבות · זו
[לעומת זו] [53] חצובות · והם לא יתכנו להתחבר · ובמלה אחת לדבר · כגון
אלוה' רשע (Ps. 139, 19) עמים' אלהים רבים' [אל] [54] יהוה
(Ps. 119, 56) : יהוה' אשנא (Ps. 139, 21) : רביעית לתקן המלה · שלא
תחיה זו עם זו בלולה [55] · ולהפריד מענה הדבר · לבלתי היות מחבר · כגון
עשר' כלה (Gen. 18, 21) ישמע 'אל (Ps. 55, 20) האל 'לנו [56] (Ps. 63, 21):
חמישית להפריד בין הטעמים שיהיו מופרדים · איש מאחיו ולא כצמדים ·
כגון את פאת ים' אלפים באמה (Num. 35, 5) אלעזר הכהן ' ויהושע בן
נון (Jos. 19, 51) לעלון' לאלה שמיא חנטין (Ezr. 6, 9) [57]:

Appendix II.

Chajugi tabula accentuum ex cod. Michael.

שער שמות הנקוד ועניניהם · הראשון! קמץ גדול קמץ קטן פתח גדול
פתח קטן שוא דגש רפא טרחא מאריך אתנחתא שופר גדול שופר קלקל
מקף פשט' זקף קטן זקף גדול זרקא שני דרגא חביר שלשלת דחי תרסא
תלשא קדמא אזלא גריש שני גרשין פזר קטון פזר גדול ירח בן יומו לגרמי'
פסק סגול סמיך מאריך יתיב רביע · אלה הם שמותם · ואלה סימנם
איויה ב'ג'ד'כ'פ'ת סימן ב'מ'ף סימן אח'הע סימן א א א א א א ה'ע'ט'ם כאץ
חז'ם:

---

49) Hoc nihil aliud esse potest quam in eädem voce cum Tiphchah non solum esse Munachum, ut plerique codd., sed etiam Ga'jam, ita ut haec sit in sede Methegi, ille toni, ut
passim codd. Sed plerumque Munachus Methegi loco positus (Tiphcha autem cum primae sit
literae obnoxia, illum videtur antecedere specie externa). Idem vero praeceptum apud Simsonem, qui tum Munachum in Tiphchae vocem adscitum ait ubi syllaba adsit Methego apta.
— 50) Caetera quae h. l. sequuntur ad vocalium potius quam accentuum locum pertinent.
— 51) Sic leg. cum Heid. pro את. — 52) Heidenh. praeterea habet יהוה 'אלהים 'אל Jos.
22, 24. — 53) Haec inserit Heidenh. — 54) Non est in textu bibl. — 55) Sic Heid. pro
בלולה. — 56) Non habet Heid. — 57) Recte monet Heid., hoc Pesiq quod quinto loco attulit auctor, esse Legarmeh (h. e. Munachus perpetuo pesiqatus tertia ante Rebium voce, et inter
distinctivos accentus locum occupans) ideoque non esse hujus loci.

HALIS TYPIS HEYNEMANNIANIS.

SACRA CHRISTI NATALITIA

PIE CELEBRANDA

CIVIBUS INDICIT

ACADEMIAE FRIDERICIANAE HALIS CONSOCIATAE

PRORECTOR CUM SENATU.

INEST

HERMANNI HUPFELDI

PHILOS. ET THEOL. D. HUJUSQUE P. P. O.

COMMENTATIO

DE ANTIQUIORIBUS APUD JUDAEOS ACCENTUUM SCRIPTORIBUS

PARTIC. II. DE JUDAH BEN-BILEAM, SIMSONE NAQDANO, ET PORTA ACCENTUUM.

HALIS
ED. ANTON.
MDCCCXLVII.

In programmate ad indicenda sacra Pentecostalia nuper emisso de initiis disciplinae accentuum apud Judaeos antiquissimisque qui ad nos pervenerunt scriptoribus sermonem instituimus. Jam novâ disserendi occasione oblatâ, inceptâ viâ procedentes caeteros ex antiquioribus Judaeorum magistris qui de illâ meruerunt dispiciamus, et quae ea hinc incrementa tulerit videamus.

Et tertius quidem qui non multo post duumviros illos, ben-Ascherum et Chajûgum, consideratione venit dignissimus, est R. JEHUDAH BEN-BIL'AM, *Toletanus,* qui circa finem undecimi p. Chr. saeculi vel duodecimi initium videtur floruisse. In Ebn 'Ezrae enim catalogo tertium post Mosen Geqatiliae filium, Chajugi interpretem, itemque tertium a fine h. e. ab Ebn 'Ezrae ipsius aetate locum occupat. Ibi nihil aliud de eo refertur quam parvos eum collegisse libros. Verum hi pluris habendi quam aliorum crassa volumina. Duo enim hujus libelli qui nobis servati sunt accentibus potissimum exponendis inservientes in hoc loco tam accurate et copiose versantur, ut omnium ejusmodi scriptorum noster longe gravissimus sit dicendus ac fere classicus.

Quorum hucusque unus tantum doctis innotuerat, isque celebratissimus, qui inscriptus est טעמי המקרא, de accentibus scripturae [1]. In publicam lucem editus est a *Jo. Mercero,* clarissimo quondam literarum Hebr. apud Gallos professore, ac bipartitus quidem: primum ea libri pars quae ad accentûs trium librorum poeticorum pertinet Par. 1556. deinde a. 1565 reliqua de caeterorum 21 libb. accentibus (prosaicis) [2]. Illa quidem prorsus

---

1) In de Rossii bibliothecâ cod. 488; alibi nullum mihi innotuit exemplum.

2) Utramque editionem recte primus recensuit *J. Buxtorfius* in biblioth. Rabb., ubi voce טעמי המקרא haec habet: „Excusus est Lutetiae ap. Robertum Stephanum in 4° anno 1565. Peculiariter etiam scripsit טעמי ג' ספרים אמ̇ tract. de accent. trium libb. Job Prov. et Psalm. Ibidem" (non allato anno). Quem secuti sunt *Imbonatus, Paul. Colomesius* in Galliâ orientali p. 48 (in Merceri scriptorum recensu, ubi annus ed. tract. de acc. poeticis, a Buxtorfio omissus, additur 1556) et *J. C. Wolfius* B. H. I. p. 418 (ubi vitium typogr. „saeculo XVI" pro XI. facile cognoscitur, correctum T. III, 301); qui tamen et h. l. et III, 301 editioni falso versionem latinam Jo. Merceri addit, cum operâ tantum illius excusa sit, quemadmodum titulus libri habet et Buxtorfius. Quem Wolfii errorem susceperunt *de Rossi* in catal. codd. et dixionario (qui adeo versionem tantum, non editionem Jo. Mercero tribuit) et *S. D. Luz-*

1

videtur interiisse, nam nullum hucusque ejus repertum est exemplum. Hujus autem in prooemio auctor propositum suum et argumentum libri definit חבין תנאי דקדוק המקרא בנקודיה ובטעמיה: „docere canones s. praecepta grammatica scripturae s. tam de **punctis** quam de **accentibus** ejus" [3]. Unde duae disputationis partes. Prima eaque major (plagg. A—D 2, 13 fere folia occupans) de **punctis** (נקוד) agit: primum de Dagesch forti et leni hujusque causis; deinde copiose de septem vocalibus, praesertim Qames et Pathach magno et parvo (h. e. Qames, Sere, Pathach et Segol, ex termino antiquioribus et Masorae usitato) earumque ponendarum rationibus; denique de Sch°vâ [4]. Altera brevior (D 2—F, 10 folia complectens) de **accentibus** disserit, his verbis exorsa: ותחח ארבר על הטעמים [5].

---

zatto prolegomeni p. 30. — Sed hujus editionis exempla tam rara sunt, ut de Rossi in catalogo nullam a Wolfio bibliothecam quereretur proferri „ubi Mercerianum vel aliud quodvis exemplar delitescat"; et *Dukes* literaturb. Mittheill. p. 187 in Germaniâ et Hollandiâ duo tantum exempla inveniri contenderet. Hoc quidem nimium dictum est: nam in solâ Germaniâ mihi ipsi duo exempla cognita sunt: unum vidi in bibl. acad. Marburgensis, alterum ex bibl. reg. Dresdensi (Phil. hebr. 69) liberaliter concessum meis manibus trivi. Sed cum raritas sit tanta ut vel exstare librum parum aberat quin in dubium vocaretur, accuratius eum describere placet. Inscriptio sic habet:

ספר טעמי המקרא

המחיחס לר' יהודה בן בלעם נ"ע · ונדפס בבי' רוברטוס סטיפנוס

(etc. Hebraice quae deinceps Latine)
Liber de accentibus scripturae
Autore R. Juda fil. Balaam.
Nunc primum editus op. Jo. Merceri, Reg. lit. Hebr. professoris. Parisiis ex offic. Rob. Stephani typ. Reg. MDLXV. cum privil. Reg. 4°.
In praefatione brevi Mercerus monet: „se ante aliquot annos edendum curavise fragm. R. Judae b. Bil. de accentibus trium libb. אמח, interim dum sese occasio offerret excudendi totius operis de totius scripturae accentibus. Hos qui accurate tractaret ante Eliam Levitam et Kalonymum inter Rabbinos exstitisse neminem praeter R. Judam, vel Kimchio et Abenezra priorem, et ab hoc saepius citatum. In citandis et enumerandis Masorae locis hunc unum antecellere omnes etc. Haec omnia vero communicata a Matth. Beroaldo lit. Heb. Aureliae prof., quem dicit etiam fragmenta prius edita ex bibliothecâ D. Vatabli viri immortalis communicasse, aliaque suo tempore excudenda curaturum promisisse." Tractatus ipse 6 plagulas (24 folia) occupat, sign. A—F; septimam appendix s. spicilegium obss. miscc., quas in fine totius libri repertas in editione priore praetermiserat.

3) Cujusmodi fere argumentum est libelli Chajugiani נקוד. Cf. hujus disput. part. I. p 12.

4) Hunc locum jam Chajugus in prooemio libri de literis quiescentibus attigerat, de Sch°vâ praesertim et Dagesch, praetermissis fere consulto vocalium Qames et Pathach rationibus, ut a consilio suo alienis (cf. comment. meam de rei gramm. apud Judaeos initiis p. 20.); quas deinde in libello נקוד copiosius persequitur. Eadem autem ratio quam noster sequitur fere deprehenditur in tractatu circa Masoram finalem כללי הנקוד inscripto (de quo infra).

5) Hanc libri partem *Heidenheimius* in libro suo de accentibus integram fere inseruit, mutato tamen ordine. Hinc ubi quisque apud Heid. reperiatur locus notavi.

1. Et primum quidem de accentibus universis eorumque discrimine et variis rationibus agit, praecognita quaedam vel fundamenta disciplinae sistens. Ubi haecce capita [6]:

1) Recenset accentûs: distinctivos (טעמים) quidem duodecim [7], eosdem qui apud CHAJUGUM in ultimo capite et eodem fere ordine veniunt: *Pazer qatan* (imo *Pazer* universus tam *parvus* quam *magnus* i. e. Qarnê pharah), *T'líschah g'dolah*, *Téres*, *Jethíbh* (incluso *Paschtá*), *Zaqeph*, *'Athnáchtá*, *Zarqá*, *L'garmeh* [8], *Tebhír*, *R'bhíaᶜ*, *Tiphchah*, *Sillúq*; conjunctivos s. ministros (משרתים) autem novem: *Schóphar*, isque triplex — a) *Sch. Múnách* et *'Illúi*, b) *Sch. Karb'lá* (Heidenh. *Karbaltá*, aliâs, et apud nostrum ipsum, *M'charbel*), c) *Sch. Haphúch* (vulgo Mahpach) —, *T'líschá q'tannah*, *'Az'lá* (Qadmâ), *Mercá*, *Dargá*, *M'ajj'lá* [9] et *Galgal* (i. e. Jérach) [10].

---

6) Haec apud *Heidenheimium* ad verbum omnia, additis glossis et titulis, nec tamen sine mendis et omissionibus nonnullis, recepta, primam ejus libri partem (טער) constituunt, totidem capitibus distinctam.

7) Quam numerandi rationem, a zodiaco desumtam, apud antiquissimos scriptores jam receptam supra vidimus. Omissi sunt *S'golta*, *Schalscheleth*, et *P'sìq*. Ratio in seq. capite de discrimine distinctivorum et conjunctivorum additur.

8) Chald. לְגַרְמֵהּ = Hebr. בְּעַצְמוֹ, לְבַדּוֹ **pro se ipso, per se ipso**, nomen Munacho pesiqato inditum h. e. **sui juris** (felbftftäubig), non amplius alii serviens sed **distinctivus** factus i. q. מוכרח apud Chajugum de Mahpacho in Jethibum mutato dictum.

9) Sic apud nostrum et posteriores, ut in Masorah, audit **Tiphchah** in eâdem voce cum Athnacho et Silluqo conjuncta, in syllabâ **Methego** aptâ, hujusque vicem gerens, ubi Tiphchae in praecedente voce nullus locus fuerat, hinc ab illo nomen nacta, v. hujus commentationis part. I. not. 16. Nomen autem proprie Methegi esse, inde patet quod in *Masorah* ad Gen. 39, 16. Num. 36, 3 et finali (hinc in Port. acc.) pro **Ga'já**, quod est apud ben-Ascherum et ben-Bileamum, ante Zarqam in 18 Pentateuchi locis Mercam comitante usurpatur. Sed Tiphcham esse non Methegum', ex caeterorum analogiâ intelligitur. Quicquid sit, certe inter **ministros** non ponenda erat.

10) In cod. mscr. biblioth. acad. Hal. masorethicae (sign. Yb. 10 in quarto) in primâ paginâ post distinctivorum recensionem (cujusmodi est in Port. acc.) habetur **ministrorum** tabula quae aperte est ex ben-Bileamo nostro: sed ibi pro חשע ה, quod in ed. Par. et ap. Heidenh., legitur שבע ה **septem**: Schopharo quippe pro uno tantum numerato. Quod rectius illo et magis menti ben-Bileami consentaneum putaverim, quia sic tantum intelligitur cur is tres accentûs Schophari nomine comprehenderet. **Septem** autem numerus a planetis forte petitus est, quemadmodum distinctivorum a Zodiaco. — Apud Chajugum **octo** ministros numerari vidimus: sed recensio ibi manifesto corrupta et defectiva. Ejicienda T'lischah magna, et addendus Galgal (i. e. Jérach). Quo facto si cum nostrâ componas, facile utramque non minus congruere intelliges quam distinctivorum, dummodo Schopharum Haphúch cum primo Schopharo (Munacho) conjungas: iidem accentûs, idemque ordo. Duorum tantum ibi nomina discrepant, supra a me conjecturis tentata, quae jam ex nostrâ lucem suam lucrantur. Nam 1) *Schalschéleth*, quam supra Dargam esse suspicabar, cum eundem ibi locum occupet quem in nostrâ *Darga*, jam manifesto eadem esse deprehenditur; 2) *D'chîtjah*, quam cum i. q.

1 *

2) Tum de discrimine inter distinctivos et conjunctivos agit, quod sic constituitur ut dist. sine ministro esse possit, minister vero non sine distinctivo, eamque ipsam ob causam dictus minister (h. e. ut ille propriâ se vi contineat, hic aliis innitatur). Excipiendos esse a) *Schalschéleth*, ut quae in libb. poeticis modo dist. sit modo minister, in pros. autem septies tantum occurrat; b) *Sególah* (Heid. *Segoltá*), quae nunquam sine praeced. Zarqa; c) *Paseq* (*Pesîq*), qui nunquam sine conjunctivo. Hinc isti supra in distinctivorum recensione in horum numerum non admissi sunt. Quae ratio tam frivola est et captata, ut ficta potius quam vera esse et nil nisi duodenario numero a priscis traditq speciem quandam obtendere videatur.

3) Distinctivos pro cujusque tono vel cantu[11] in tres ordines (חלקים) dividit, quos jam apud Chajugum vidimus[12], nisi quod nomina nonnihil variant: nam primum ordinem pro יריעה, quod prorsus obscurum, hic plane dicit elevare et attollere vocem (ירים הקול ויעלהו); alterum pro העמדה vocat מונח h. e. depressâ voce (quasi solo depositâ). Addit quoque conditionem alteri: scilicet tres numerari ejusmodi accentûs (Jethibh, Zaqeph et Athnachta), si sequatur vocalis (מלך) in eâdem voce; quo spectat quod in tertio additum est: Tiphcham et Silluqum, si habeant vocalem sequentem in eâdem voce, ad secundum redire[13]. Jam quod ipsam rem attinet: primi ordinis accentibus, Pazero Telischae et Gerescho, in periodi initio positis, quam apta sit vox elevata, quisque videt. Verum alia satis mira et impedita: primum non liquet quid sibi velit tertius ordo עלוי, qui non potest non ad elevatum tonum referri, post secundum מונח depressae vocis veniens, cum secundo potius loco ponendus videatur, alter vero depressae vocis, qui ad finem periodi pertinet, ultimo. Deinde vel magis mireris tum in ordine מונח cum Athnacho componi Zaqephum et Paschtam, tum vero in tertio ordine עלוי cum Zarqa et Rebhi'o Tebhirum Tiphcham et Silluqum — utrosque tono plane diverso. Jam si eandem ordinum distinctionem in metri-

---

*D*e*chi* = *Tiphchah* esse intelligerem, supra mirabar inter ministros positam, jam apparet esse singularem illam Tiphchae speciem quae nostro ut posterioribus *Medjjelá* dicitur. Nec minus hinc jam liquet quid sibi velit *D*e*chî* ille in primâ Chajugi tabulâ longe post Tarcham iterum veniens.

11) חלוקת נעימת הטעמים inscriptum est caput ap. Heidenh.

12) Supra partic. I. hujus disput. p. 15.

13) At tum non tres sunt ejus ordinis accentûs, sed quinque. Unde pro 'ג legendum videtur 'ה, ut hoc potius sibi voluerit auctor: numerum esse tres, sed si sequatur vocalis quinque, siquidem tum accedunt Tiphcha et Silluq. Caeterum quo jure hanc conditionem addiderit, minime liquet.

ois apud Chajugum comparamus: horum nihil deprehendimus quo offendamur: omnia ibi facilia et expedita. Ordo עלוי secundum locum occupat: ultimum, uti res poscit, מונח = העמדה. Deinde accentûs pro toni varietate ita inter ordines distributi ut nec qui depressi sit toni in elevati ordinibus הרדיעה et עלוי conspiciatur, nec qui elevati sit in depressi ordine: Zarqâ enim et Rebhia' primis adscripti; Legarmi, Tiphchach, Athnach et Silluq unâ in tertio compositi. Hinc in prosaicis secundi et tertii ordinis descriptio tam apud Chajugum quam apud ben-Bileam aperte depravata et ex metricâ emendanda mihi videtur. Et ita quidem ut עלוי secundum locum occupet, העמרה s. מונח tertium, accentûs vero ipsi loco suo non moveantur, nisi quod Athnachus cum Zarqa et Rebhi'o locum commutet. Sic haec prodit ordinum descriptio: 1) toni ascendentis (ירים הקול ויעלהו): Pazer, Talschah, Téres; 2) elevati (עלוי): Rebhia', Paschta, Zaqeph, Zarqa (et Segolta); 3) depressi: L'garmeh, Tebbir, Tiphcha, Athnach, Silluq.

4) De dist. tum repetitis (מתרדפים) tum non repetitis, et quoties quisque repetitus inveniatur. Haec et ipsa jam apud CHAJUGUM exstant [14].

5) De numero ministrorum (הקמת ה') h. e. quot dist. quisque ministros habere possit: qui unam, qui duos, vel tres, quatuor etc.

6) De viciniâ (שכונת) ministrorum h. e. quos quisque habeat vicinos vel conterminos tum conjunctivos tum distinctivos.

2. Alter locus isque praecipuus et longe maxima libri pars est de singulis 12 distinctivis eorumque rationibus: de cujusque figurâ, speciebus, praecipue vero ministrorum praecedentium numero, varietate et conditionibus, allatis semper eorum quae rariora vel anomala sunt locis biblicis, ad Masorae modum. Haec fere omnia — exceptis illis quae apud BEN-ASCHERUM de Tebhiri et Zarqae, et apud CHAJUGUM de Tebhiri, Paschtae et Gereschi ministris alternantibus, nec non de Schophari נשואי et קלקל discrimine, deque Zaqepho in eâdem voce Schopharum modo superiorem modo inferiorem sibi adjungente supra deprehendimus [15] — apud nostrum primum congesta aut accuratius tradita inveniuntur, pleraque sine dubio ex MASORAH

---

14) Partic. I. p. 16.

15) v. part. I. p. 8 s. 14 s. Quae ultimo loco supra memorata sunt, noster in Zaqephi capite tractat, ubi tum de Schophari עלוי et מכרבל discrimine eadem fere quae ap. Chajug. de Sch. נשאוי et קלקל, tum de Paschta cum Zaqepho in eâdem voce composito, quem, quia Methegi locum occupat, Methigam (מתיגה) vocat, et in Zaqepho magno virgulâ imposita non male dicit compensatam (Munachum simili ratione cum Zaqepho compositum silet).

hausta [16]; eaque a posterioribus non tam aucta (nisi levioribus quibusdam) quam clarius vel distinctius tradita et in alium passim ordinem redacta sunt [17].

3. Denique veniant aliquot capita quibus praecepta varia sine certo ordine contineantur:

1) de Ga'jå (Metheg) *Heidenh.* IV c. 2 f. 45.

2) de sede (חניית) ministrorum h. e. quibus minister quisque distinctivis serviat. Cui respondet aliud caput inscriptum מספר משרתי כל אחד ואחד מאלח המטעמים, h. e. quos distinctivus quisque ministros habeat (cf. 1, 5). *Heidenh.* II c. 3. fol. 32. et III, c. 5 fol. 38 a.

3) de viciniâ (שכונת) s. consecutione distinctivorum h. e. de ordine quo alter alterum sequitur: tum legitimâ (על דרך חק) et ab exceptionibus immuni; tum decente vel libito (על ד' ראוי), quem liceat transgredi. Quo spectat etiam aliud caput de ordine vel série (סדר) distinctivorum, summam praecedentis exhibens; et quod his contrarium de consecutione non licitâ h. e. quosnam cuique non liceat sequi. *Heidenh.* III c. 1—4 fol. 32—37.

4) In fine subnexa est abrupta disp. de vocibus et formis quibusdam מלרע et מלעיל h. e. accentu circa ultimam et penultimam variantibus (modo oxytonis modo paroxytonis) [18].

Praeter hunc ben-Bileami librum alius in bibliothecis hucusque ineditus delitescit [19], titulo tantum notus, qui varie exhibitus [20], aut הוריית הקורא

---

16) Hanc tum temporis jam et exstitisse hôc observationum genere quod ad vocales et accentûs pertinet auctam, et nostro cognitam fuisse, inde patet quod in primâ libri parte de vocalibus saepius citatur. In hâc quidem de accentibus citari non annotatum in schedis meis reperio: sed cum eâ usus sit, vix dubium esse potest quin in hoc quoque loco usus fuerit, praesertim in tanto cum illâ consensu. Idem Heidenh. statuisse videtur, qui fol. 30 b dixit eum Masorae observationem in librum suum transtulisse (העתיק).

17) Hunc locum *Heidenheimius* in libri sui parte alterâ (שער ב') cap. 1. fol. 12—30 fere totum quidem in usum suum vertit, sed ordine et verbis potius Portam accentuum secutus, quâ tanquam fundamento usus nostri aliorumque praecepta superstruxit.

18) Ultimam plagulam occupat appendix paralipomenôn, quae in calce codicis post tractatum de metricis accentibus reperta tum cum hunc ederet praetermiserat editor. Ibi post miscella quaedam tum grammatica tum masorethica (Chald. etiam sermone expressa) in ult. pag. exhibentur fragmenta nonnulla Chajugiana (מאמר יחיי המדקדק inscripta) de Paschtae et Tebhiri ministris alternantibus, de Jethibhi et Mahpachi discrimine et de Garneh quaedam; quorum duo priora in textu Chajugi edito deprehensa supra vidimus part. l.p. 14.

19) de Rossi cod. 764. Vatic. 402. Oppenh. 1370.; et ex Arab. quidem sermone in Hebr. translatus a R. Menachem b. Nathaneel (vel, ut est in cod. Oppenh., R. Nathaneel b. Meschullam).

20) Plerumque ex Eliâ Lev. in Mas. ed. Sulzb. f. 9 b הוריית הקורא, quod et Seb. *Münsterus* in vers. lat. p. 44 et germ. interpres ed. Seml. p. 52 et *Buxtorf.* ant. punct. 251 ef-

aut הוריות ה' efferendus, sensum non dubium praebet institutio lectoris
(Anweisung für den Vorleser) h. e. recte legendi et pronunciandi codicem sacrum. Atque haec ipsa sunt in quibus libellus iste versatur: complectitur enim
universam tum vocalium tum accentuum punctationem (נקור), sive, ut est
in libri prooemio, דקדוק המקרא בנקודה וטעמיה. Titulus proinde idem vult
quod is quem R. Jequtiel clarissimo operi inscripsit עין הקורא.

Auctoris nomen ad nostra usque tempora latuit. Jam Elias Lev. in
libri Masor. praefatione tertiâ [21], cum libellum citaret, fatetur se nescire quis
sit auctor. Hinc apud posteriores litt. Jud. scriptores inter anonymos recen-
setur, ut ap. Bartol. III, 38. IV, 522 Wolf. II, 500. 1289. *Buxtorfius*
ant. punct. p. 261 recte vidit libellum citari a Juda ben-Bileam in libro
טעמי המקרא, sed temere inde argumentatur eum duumviris illis, ben-Ascher
et ben-Naphtali, antiquiorem vel saltem coaetaneum fuisse. Idemque *Wolfius*
B. H. ll. cc. observat, qui certe ante XI. saec. compositum arbitratur. Istum
autem ben-Bileami locum si viri illi accuratius inspexissent, nomen auctoris
non tam diu latuisset. Ibi enim ben-Bileam, verbis usus: „ego pridem mo-
nui in libr. הוריית הקורא‟ (ap. Heidenh. fol. 9 a) aperte suum librum esse
profitetur. Neque hoc fugit *Heidenheimium*, qui fol. 30 b libellum iterum

---

ferunt horijath; *Wolf.* B. H. II, 500 horajjath (ריח), quem secutus est *Gesenius* Lehrg.
§. 25; *Luzzatto* vero proll. p. 31 horájath (ריח). *Bartoloccius* bibl. Rabb., qui T. III, 38.
IV, 522 habet הוריית, T. IV, 301 v. Menachem aliam praebet formam הוראת, referente Wolfio B. H. H, 1289, qui damnat, et B. censet duos libros fecisse ex uno. R. *Jequtiel* denique
in libro critico עין הקורא (v. Heidenheimii Pentateuchum חומש מאור עינים inscriptum Rödelh. 1818 praef. p. V) pluralem formam habet הוריות, quam servat Heidenh. in libro de
accentt. f. 9. 30 b. — Si ex grammaticâ ratione formam aestimaveris, nihil aliud esse potest
nisi Inf. Hiph. Chald- הוֹרָאָה (pro הוֹלָרָה) a ירה Hiph. הוֹרָה instituere (unde Hebr. deriv.
תוֹלְרָה institutio, doctrina); isque reverâ exstat in talmudico usu, ubi הוֹרָאָה pr. institutio, hinc doctrina, contitutio. Cujus stat. constr. sonaret pr הוֹלְאַת vel etiam
הוֹרָיַת (quemadmodum tituli apud Bartoloce. supra allati, proinde pariter ferendi, quorum
tamen prior a Wolfio damnatus rectior), stat. def. הוֹרָיְאָא; pluralis autem occurrit הוֹלְרָיוֹת
(pro ראוֹת) tractatui talmudico inscriptus qui de documentis et statutis judicum agit. Alia hujus infin. forma mere Chaldaica est אוֹרָאָה, cujus stat. def. אוֹרָיְתָא tam Targg. quam
Talm. et Masor. solitus pro Hebr. תורה, Pentateuchum significat. Hinc patet ex variis
hujus tituli formis eas quae nostratibus frequentantur horijath et horajjath perinde esse rejici-
endas: caeteras vero רְאַת, רְיַח et רְיוֹת pariter ferri, ut ambigas quaenam praeferenda sit.
Ultima quidem antiquissimum habet Jequtielis (13. saec.) testimonium: sed altera הוריית in
codd. tum libri ipsius tum aliorum auctorum longe usitatissima.

21) Ed. Sulzb. f. 9 b, vers. germ. ed. Seml. p. 52. Locus etiam apud *Jo. Morinum* exx.
p. 499, qui rectius vertit quam S. Munsterus et germ. vers. ed. Seml.

citatum alteri ben-Bileami libro tanquam ejusdem auctoris opus adjungit[22].
Ex Heidenheimii libro nomen auctoris etiam aliis nostratium, Judaeorum
certe, innotuit, ut res jam conclamata fere videatur. Verum hîc scrupu-
lum nobis injicit *de Rossius*, qui in dizionario (v. *Mosè*) et in codd. Hebr.
biblioth. suae discriptione ad cod. 764 (T. II, 158) Mosis nomen, ut auctoris, in opere ipso ter innui, testatur, non addito cognomine ex quo intelligatur
quis sit ille Moses, nisi quod ex Ebn-Ezrae mentione hôc eum poste-
riorem fuisse appareat, ita ut Mosen Qimchiam suspicetur, plurium quippe
scriptorum grammaticorum auctorem. Hujus sine dubio fide motus *S. D. Luzzatto* prolegg. p. 31, Heidenheimii ille quidem librum bene cognitum habens,
libellum nostrum Mosi cuidam ex Qimchiorum tempore tribuere non dubitavit.
Auget difficultatem quod praeter istum Mosen quem de Rossi in scenam pro-
duxit aliud etiam ʃproditur auctoris nomen. Nam in margine cod. bibliothecae
senat. Regiomont. liber „Horajôth haqqôre" cuidam R. SALOMOH tribuitur[23].
Sed cum iste R. Salomoh vix alius esse possit quam clarissimus ille punctator
R. Salomoh qui vulgo R. Jequtiel dicitur, auctor commentarii critici vel
orthographici in Pentateuchum nomine עין הקורא celebrati[24]: librum hîc
הוריות הקירא appellatum patet non alium esse quam notissimum illum עין
הקורא; nomine vel propter similem utriusque sensum vel ex frequenti illius in
hoc libro mentione permutato aut confuso. Proinde hujus notae testimonio nihil
efficitur. Gravius sane est quod de Rossi in codice suo se invenisse dicit Ebn-
Ezrae mentionem. Quamvis enim hujus aetas a Bileamidae tam prope

22) Non proprio Marte opinor, sed Jequtielis ad Ex. 30, 31 testimonio. Ipse enim eum
in manibus non habuisse videtur, in praef. inter fontes non enumeratum.

23) Ibi ad Gen. 7, 11 מַעְיְנֹות haec habetur nota masorethica: „sic punctat R. Simson
addens bis sic haberi in Masora: sed R. Schelomoh non sic fecit in הוריות הקורא.“
Vide J. B. Köhler Bemerkungen über die Hebr. Bibelhßff. zu Königsberg, in Eichhornii Repertor. f.
bibl. u. morg. Lit. XVI, 25.

24) Naqdanum fuisse ex ipsâ re patet. Inter quos duo sunt longe clarissimi et in notis bibl. marginalibus frequentissimi: R. Simson hannaqdan, auctor libri grammatici
חבור הקונס (de quo infra) et R. Jequtiel Pragensis, Germanis nomine R. Schelomoh
hannaqdan frequentatus, auctor libri עין הקורא (de quo infra). Hi saepissime in marg.
masor. códd. bibl. praesertim Pentateuchi (חומש) compositi, ut in cod. Erfurt. 1. (cf. *J. H.
Michaelis* diss. de codd. Erf. p. 35). Jam cum eadem nomina in cod. Regiom. margine
composita videamus: vix dubium est quin alterum sit Jequtielis nomen, ejusque liber commentarius in Pentat., qui certe ad Gen. 7, 11 מַעְיְנֹות habet, non מַעְיְנֹת. — Neque alium esse
puto illum R. שלמה נקדן, in glossario ad V. T. Hebr. Gall. Germ., quod cod. mscr. bibl.
Paul. Lips. 102 ᵇ continetur, citatum fol. 3 b ad Gen. 8, 11. et f. 36 a ad Deut. 20, 2, ubi
Pentateuchi ab eo correcti mentio v. *Fr. Delitzsch* Jesurûn p. 242 et comm. „zur Gesch. der
Hebr. Gramm." in annalibus Lit. Blatt des Orients 1844 no 15 p 294 ss.

absit ut aliqua certe hujus pars in illam incidisse putanda sit [25]: tamen Ebn-
Ezrae libri medio demum saec. duodecimo prodierunt, et serius sine dubio
quam ut in illius venire potuerint notitiam. Unde non temere errorem alicubi
latere suspicatus est *Zunzius* [26]. Equidem apud de Rossium latere nullus du-
bito. Quicquid enim hic in codice suo viderit: Bileamidae opus esse libellum
nostrum, jam extra omnem controversiam positum est. Nam non solum ipsius
testimonium habemus supra exhibitum, sed ipso etiam l i b r i a r g u m e n t o, cujus aliquam nuper nacti sumus notitiam, confirmatur [27]: cujus et praefatio et
argumentum et ambitus (nam prosaicos et poeticos accentûs complectitur), ipsa
denique capita ita cum illo conveniunt, ut non solum ejusdem a u c t o r i s,
sed i d e m f e r e o p u s esse intelligatur; neque aliter statuendum videatur quam
h a n c primam fuisse illius e d i t i o n e m.

---

25) Cum in grammaticorum catalogo ap. Ebn-Ezram ben-Bileam tertium a fine locum
occupet, quartumque ab Ebn-Ezra in catal. continuato ap. *Wolfium* B. H. II, 595 ss., ille circa finem 11. saeculi floruisse sumitur, cum Ebn-Ezra a fine undecimi ultra med. duodecimum
vixerit, anno aetatis 75 mortuus (1070 fere), cf. *G. Lippmanni* prolegg. ad ejus libros S. Ha-
schem §. 1. Saphah berurah §. 3. Sephath jéther §. 5.

26) In additamentis ad catalogum codd. bibliothecae sen. Lips. p. 318. — Quam difficultatem et virorum doctorum haesitationem videns nugator quidam, *Sal. Meklenburg*, in
Literaturblatt des Orients a. 1840 no. 13 p. 199 seq. nodum meris conjecturis vel potius somniis
facta spernentibus solvendum sibi sumsit. Is enim frivolâ argumentatione pro argumen-
tis usus rem ita facillime expedire sibi visus est ut opus illud quod Bileamides in טעמי
המקרא tanquam suum commemorat huic quidem tribueret, sed ab omnibus illis quae hoc nomine feruntur diversum, ex his autem cod. de Rossianum item a caeteris diversum, quippe
linguâ Hebr. ab auctore scriptum non Arabicâ (quod plane fictum et a de Rossii fide alienum,
qui cod. suum alterum Vaticani exemplum ab eodem interprete Menachemo ben-Nathan'el in
Hebr. conversum putavit) et alia ejusmodi.

27) Exstat apud *L. Dukesium* literaturh. Mittheill. p. 197 s. praefatio et capitum totius
operis index, communicata a *Frensdorfio* Hanoverano, in cujus manibus est apographum codicis Oppenh. Et p r a e f a t i o quidem in exordio non auctoris ipsius sed librarii vel interpretis
nomine loqui videtur, haec referentis (quae jam in catal. Oppenh. 1782 fere haberi audio):
„hunc esse librum 'ה ('ה ratione compendiariâ (בדרך קצרה) scil. scriptum, cf. *Qimchi* praef.
Michlol, qui idem de suo opere dicit) et in linguam Arab. t r a n s l a t u m Hierosolymis huc (h. e. in terras occidentales) advectum a Josepho ben-Chija librario; et R.
N a t h a n'e l e m ben R. Meschullàm rursus ex ling. Arab. c o n v e r t i s s e in sanc-
tam in urbe Mainza." Unde patet librum ab auctore Hebraice scriptum fuisse. Sed
quae deinceps sequuntur de libri argumento, quibus auctor consilium suum declarat et utilita-
tem exemplis commendat, auctorem ipsum dicere tum prima loquentis persona suadet, tum vero
id confirmat quod verba maximam partem (ipsaque exempla quibus accentuum usum monstrat)
cum libri טעמי המקרא prooemio conveniunt. Ut praefatio ita c a p i t a primae partis 17 (de
acc. 21 libb. pros.), quorum index exhibetur, fere eadem sunt quae in illo, nisi quod ordo sub-
inde variat. In alterâ parte de poeticis quae 7 capp. absolvitur, idem sine dubio consensus de-
prehenderetur si liceret comparare (cf. tamen infra Simsonem).

Post hos triumviros qui de accentibus scripsere, plerique satis habue-
runt Bileamidae praesertim vestigiis insistere, eaque quae ab illis tradita erant vel
repetere, mutatis tantum verbis et praeceptorum ordine, vel in compendium re-
digere. In his praecipui illius aevi PUNCTATORES (נקדנים): qui non solum
codicibus emendate et ad Masorae normam scribendis et punctandis corrigendis-
que operam navabant, ejusque artis laude clarebant; sed libellos etiam grammaticos, recte legendi et scribendi potissimum praecepta sistentes, concinnabant [28].

Horum primus et tempore et auctoritate erat R. JEQÛTIEL sive SCHE-
LÔMÔH HANNAQDÂN dictus [29]. Hujus liber clarissimus עין הקורא dictus [30] maximam quidem partem est commentarius orthographicus ad Pentateuchum et 5 Megilloth circa vocales et accentûs: verum cum prooemii vel in-
troductionis loco praemittat praecepta de punctorum et accentuum rationibus, huc pertinere putandus [31]. Sed cum nec in publicam lucem sit editus,

---

28) Non ex hôc quidem genere, nec per se ipsum magni momenti, sed propter illustre auctoris nomen memoratu non indignum est R. JAQOBI BEN-MEÏR, vulgo RABBENU TAM celebrati
(† 1171) carmen de accentibus, quod exstat inter de Rossii codices in cod. 563 no. 33 („Jacob Tam fil. Meir carmen de punctatione“), 45 strophis compositum, quarum primam ex cod.
Paduano *Luzzatto* proll. p. 28 not. 2 exhibuit. Idque praevium habere ait (pro more solito)
tractatum de punctis (שערי נקוד) septem foliis comprehensum, cum ejusmodi praeceptis qualia fere in tractatu circa Masoram finalem; sive ejusdem auctoris, sive alius, et Chajugi quidem praecepta nescientis.

29) Pleno nomine יקותיאל הכהן בן יהודה (abbr. יה"כ), Pragensis, et Germanis
שלמה הנקדן (vulgo ZALMAN HANNAQDAN *Wolf* B. H. I, 697. *Luzzatto* proll. p. 34), auctore
Eliá Lev. in Schibrê lûchôth (ad calcem operis de Masorah) v. יה"כ. Cf. supra not. 24.

30) i. e. המאיר את עיני קוראיו, ut in praef. explicatur; ergo idem fere quod Bileamidae הוריות הקורא, cf. not. citatam.

31) *Elias Levita* eum dixerat agere de punctis, de Milel et Milra, Maqqephatis et non
Maqqephatis, saepiusque citari in margine חומשין, quales etiamnum haberi supra diximus.
Addidit *Wolfius* B. H. III, 620 ejus codicem exstare in bibl. Oppenheimeri in 4to inscriptum:
על התורה ועל המסורה ועל המגלות ועל הדקדוק; item in biblioth. Basileensi teste *le Long*
biblioth. sacr. p. 1174; neque de Rossio in dizion. aliud praeterea exemplum notum erat.
J. H. Michaelis tamen praef. bibl. p. 6 ad marginem cod. Erf. 1. haberi dicit. Jam
nostra aetate *Heidenheimius* commentarii contenta edidit in margine editionis Pentateuchi quam inscripsit חומש מאור עינים Rödelh. 1818. 8o. quinque voll. Hic in praef. p. III.
duas distinguit operis partes: 1) tractatum de punctorum et accentuum rationibus
(חבור על דרכי הניקוד והטעם) [et in his Maqqephi et Methegi maxime, ut videtur], in-
troductionis instar (כדמות הקדמה) 2) corpus operis ipsum (הגוף) correcturis
(הגהות) ad Pentateuchum constans. Idem auctor ipse in praefatione, cujus initium ibidem p.
IV ss. exhibetur, innuit dicens se multorum juvenum precibus fatigatum primum ad eos insti-
tuendos capita (שערים) s. canones (חקים) proposuisse de ratione legendi (טעמי
המקרא s. ה' מנהגי), deinde ex ordine codicis sacri (כסדר ה') ad singulos locos
ubi aliquid vitii commissum viderit scripturam. Harum priorem tantum Heid.
dicit Eliae cognitam videri, olim satis vulgatam, unde omnes posteriores hauserint; hinc Abr.
Balmesium omnia praecepta sua de נקוד, de מקף et געיא sumsisse, non raro tamen corrupta,

nec ab iis qui viderunt accuratius descriptus, nihil habeo quod de ejus ratione referam.

Alter est R. Schimschôn hannaqdân, celeberrimus et ipse medii aevi punctator, in notis masorethicis ad marginem codicum bibl., praes. Pentateuchi, juxta Jequtielem frequentatus [32], qui medio vel exeunte saec. 13. floruisse videtur [33]. Hujus fertur opus grammaticum, modo הַשִּׁמְשׁוֹנִי ab auctoris no-

omissis et mutatis verbis ac sententiis, vel consulto vel quod integrum opus non haberet, jam tum temporis admodum rarum, ita ut neque auctoribus operum אור תורה et מנחת שי ullum contigisse videatur (se ipsum p. VII notat priorem tractatum novissimo demum tempore nactum esse)- Quod aetatem autem nostri attinet, quoniam ex grammaticis tantum Chajugum, Mervanum, ben-Bileamum, Ebn-Ezram et Parchonem citat, neque Qimchiorum ullum sit vestigium (neque nostri apud D. Qimchium), Heid. eum Qimchiis anteriorem fuisse statuit, h. e. vel exeunte saec. 12. vel ineunte 13.

32) Ut in cod. Règiomont. biblioth. senat. (a. 1313) ad Gen. 7, 11 v. supra not. 23; et saepius in cod. Erf. 1., ubi nominibus honorificentissimis citatur (ut מורינו, ראש הנקדנים, ש' ר' החכם) v. J. H. Michaelis de codd. Erf. p. 35; hinc in ipsis bibliis rabb., ut ad Gen. 26, 35 cf. Bruns in Eichh. repert. XII, 261. — Verum caveas cum Wolfio B. H. I, 1152 v. שמשון et II, 299 (in codd. bibl. catalogo) nostrum eundem putare cum Simsone illo qui in cod. Erf. 1. subscriptionibus (Lat. ap. J. H. Michaelem l. c. p. 9 Hebr. ap. Brunsium in Kennicotti diss. gen. p. 405 seq.) dicit se hunc codicem absolvisse, punctis instruxisse, Masoramque addidisse a. 103 = Chr. 1343. W. sine dubio deceptus verbis ap. J. H. Michael. p. 9 „contra vero הנקדן punctator, Simson", quae ad Simsonem illum hannaqdan κατ' ἐξ. cognominatum traxisse videtur, quemadmodum mihi ipsi initio accidit. Sed ab hôc diversum esse tum nomen et tempus suadent: 1) nomen cognomine מינכמירון vel ut est ap. Bruns. מצמירן et מירמירון distinctum, epitheto vero נקדן carens; 2) tempus subscriptionis caeteris aetatis Nostri indiciis multo posterius; tum vero inde manifestum est quod in notis criticis a Brodtmarkio (ad Habaq. 1, 15 nomen profitente) additis codicis tam librarius quam punctator saepius notatur et perstringitur, cum clarissimus ille Hannaqd. nunquam non titulis honorificis, ut dixi, citetur.

33) Non exstat disertum de ejus aetate testimonium: sed duplici indicio conjicere licet. Primum quod Heidenheimius apud Löwensteinium ad proverbb. p. 37 seq. affert: quod codicis egregii a. 1294 scripti (quo usus est Heid.) librarius, qui in calce nomen suum profitetur Josephum Xantenianum, fil. Qalonynii Neussiani, ad 2. Reg. 5, 6 R. Simsonem avum suum (מורי וזקני הר"ר שמשון) appellat; unde Zunzius apud Delitzschium Jesurûn p. 258 eum circa a. 1240 floruisse censet. Sed istum Simsonem eundem esse cum Naqdano nostro, ex hoc solo loco non satis constaret, nisi accederet aliud documentum, quo idem confirmari videtur. Exstat enim in eadem bibliothecâ Lips. Paul. praeter Nostri opus grammaticum (de quo statim), alius codex eodem fere numero signatus 102 b, quem nuper accuratius descripsit Fr. Delitzschius tum in Jesurûn p. 241 seq. tum maxime in diss. zur Geschichte der hebr. Gramm. annalibus Literaturblatt des Orients 1844 p. 294 ss. insertâ. Est glossarium ad V. T. perpetuum, quo singulae contextûs voces Gallicis explicantur, adjunctis obss. gramm. lex. et exeg., quibus in margine a posteriore manu glossae Germanicae appositae sunt. Cujus auctor se prodit natione quidem Gallum, Gallicâ quippe linguâ utens, sed Rheno inferiori accolam et Coloniae vicinum; porro auctores citat non posteriores Qimchio († 1232), aequalem vero habet Crespiam hannaqdan Dromensem (a דרום i. e Drome in Galliâ v. Zunz ad Delitzsch. Jesur. p. 257 s.), cujus filius Machir exeunte saec. 13. codicem V. T. in biblioth. Lips. senat. (Kennik. 600) descripsit (v. Delitzschii catal. codd. orr. bibl. Lips. sen. p. 273 et Zunzii add. p. 315); deni-

mine, modo חִבּוּר הַקוֹבִים ab operis initio nuncupatum [34], et in duobus codicibus servatum, uno bibliothecae Lips. Paulin. 102ᵃ in fol., altero de Rossii 389 in quarto [35]. Quod quamvis in istis codicibus, Lipsiensi certe, non unum opus esse sed plura opuscula et fragmenta suis clausulis distincta, pluribus etiam lacunis hiantia, continere deprehendatur, quae non a Simsone ipso sed a compilatore potius ex hujus aliorumque scriptis tum exscripta tum breviata esse videntur [36]: tamen lo-

---

que nomen suum saepius innuit Simson. Unde non temere cum Delitzschio ejusdem Simsonis opus esse statueris 13. saec. viventis.

34) Meminit ejus *Elias Levita* in Masor. hammasor.: primum in praef. tertiá p. 52 vers. germ. in commemorando tractatu de punctis qui in ed. Bomberg. circa Masoram finalem habetur obiter taxans multorum errorem hunc pro libro השמשוני habentium; deinde accuratius in fragmentis tabularum (vocum compendiis) v. למֹה ed. Sulzb. f. 83 b, ubi errorem illum refellit dicens librum השמשוני non alium esse quam qui חבור הקונים vocatur incipiens verbis: „דע כי עקרי הדברים אשר ידברו בהם העברים הם עשרה‟. Eliam sequitur *Schabbathai* in punctatorum recensione.

35) Illius triplicem notitiam dedit *Wolfius* in Bibl. Hebr.: T. I, 1152 eam quam *J. G. Abichtius* ad calcem Portae acc. lat. versae in append. libri de accentt. Hebr. ex usu lectorio explicatis Lips. 1715 dederat; alteram T. III, 1160 ex *Jo. Felleri* catal. mss. biblioth. Paul. Lips. p. 215; tertiam T. IV, 1003 ex epistolá *Chr. Wagneri* ad Fellerum a. 1685 datá, quae codici adjecta etiamnum ibi servatur. Sed hae ad unam fere, et Wagneri quidem caeteris priorem et pleniorem, redeunt, nec praeter ea quae in operis epilogo habentur — nomen et auctorem libri et grammaticorum unde hausit auctor nomina — quicquam exhibent: nihil de partibus et ratione libri. Melius in describendo codice suo egit *de Rossius* (catal. II, 16. 17), diversos saltem qui eo continentur tractatûs distinguens quinque hosce: 1) מפתח הדקדוק 2) liber הקונים — uterque in Simsoni tributus — 3) Anon. capita de Maqqephatis, de Pathachatis in fine versûs, et de Pesiq (Pesiqatis); 4) Anon. comm. masor. in Pent. et Ester; 5) Anon. Comp. Schoraschim s. lexici Qimchiani. — Plura ex Lipsiensi de indole et contentis nuper attulit *Delitzschius* Jesurun p. 16 cum excerptis nonnullis p. 248. 252 et al. Mihi ejusdem cod. accuratius inspiciendi copia facta est ampl. Gersdorfi comitate.

36) Non hujus est loci, ubi accentuum tantum historia agitur, accuratius exponere codicis contenta eorumque quae tractantur rationem, quod in alium locum differo. Haecce tantum h. l. afferre liceat. Initium in utroque codice miro consensu deest: sed caetera etiam diversi generis argumenta fere eadem, eodemque ordine, nisi quod de Rossianus duobus postremis sit auctior. Primus post elementalem quandam institutionem, quae fol. 9 b in clausula מספר הזכרון (qui est Josephi Qimchii) desumta esse dicitur (verum ea admodum breviata et glossis interpolata), de tribus orationis partibus agere instituit, sed absoluto loco de verbis fol. 24 b abrumpitur, clausulá adjectá finitam ibi esse clavem grammaticae (מפתח של דקדוק), cui Simsonis nomen addit de Rossianus, quam tamen a sequentis auctore vix licet derivare, quoniam idem locus de verbis deinde recurrit multo copiosius tractatus. Post hanc demum ipse liber הקונים dictus orditur, quod Eliae Lev. etiam testimonio confirmatur: h. l. enim verba supra not. 34 allata inveniuntur a quibus ille librum dixerat incipere. Hinc nomen etiam mirum patet esse desumtum: orditur enim a decem pronominibus, quae a R. Saadia עשרה הקונים (h. e. בעלי הדבור opinor) nuncupata dicit. Duplicem autem potissimum locum continet, quibus gramm. Hebr. ambitus comprehendi solet, utrumque satis copiosum: primum, post introductionem de ordinibus et modis verborum quae fol. 28ᵇ in clausula R. Mordechai (identidem obvio) tribuuntur, fol. 28 — 60 de tribus orationis partibus (vel potius de verbo et

cus de accentibus, qui copiosius ibi duodecim fere foliis integris pertractatur, ejusmodi est ut quamvis disciplinae ipsi parum aut nihil attulerit incrementi, historicum certe usum nobis praebeat non contemnendum. Hic enim totus ex BILEAMIDE haustus esse videtur. Certum hoc est et manifestum in capite de accentibus 21 librorum s. prosaicis (fol. 87—91), siquidem in hôc editum Bileamidae libellum conferre licuit. Ibi vestigia illius premere deprehenditur: tum in numero distinctivorum duodecim constituendo cum tribus extraordinariis vel ambiguis — Schalscheleth, Segolta et Sôph pasûq (imo Paseq s. P^esîq) —, tum divisione in מתרדפים et לֹא מ' (qui repetuntur vel non repetuntur); tum denique in singulorum rationibus exponendis, quas eodem ordine persequitur, ita tamen ut quae Bil. postea de consecutione (רדיפה) distinctivorum proprio capite habet, distinctivo cuique appendat; ipsis Bil. verbis saepius servatis, ut plurimum tamen in compendium redactis, sed passim minus accurate et confuso sensu (quod in Zarqae praesertim capite accidit, qui locus ad absurditatem usque confusus est), paucis de suo additis. Proinde hic tractatus nil nisi Bileamidae epitome et vero depravata censenda est, qualem haud scio an Simsoni ipsi tanti nominis grammatico possis tribuere, sine dubio ad hujus epitomatorem referenda. — Idem de poëticorum tractatione (fol. 91—93) praesumendum, eoque certius quod exordium ejus, docens quomodo hi accentûs differant a prosaicis, ad verbum fere convenit cum Bileamidae ejusdem argumenti

---

nomine tantum, nam tertius de particulis desideratur, sine dubio casu interemtus, quia hiat ibi exemplum unde codex descriptus); alterum fol. 60—94 de punctis (ubi auctor primâ personâ, ut passim, loquens nomen prodit fol. 72 b: וְאֲנִי שִׁמְשׁוֹן הַמְחַבֵּר): et de vocalibus quidem fol. 60—83 duce D. QIMCHIO, cujus Michlol saepius citatur (verum ibi nihil fere de punctis); de accentibus fol. 83—94 duce BILEAMIDE. Denique post compilatoris epilogum fol. 94 b appendicis loco iterum veniunt usque ad fol. 100 tria capita grammatica et masorethica ad eundem locum de punctis pertinentia, eadem fere quae ex cod. de Rossiano tertio loco supra allata sunt, nisi quod in Lips. quartum accedat, carmen R. MORDECHAI de Qames et Pathach magno et parvo (ad Bileamidae fere modum). — Quem cod. de Rossianus praeterea habet, commentarius masor. ad Pent. et l. Ester, qui teste de Rossio „puncta et accentûs potissimum respicit quorum veras lectiones constituit, conferens saepe codices mss. hispanos variasque de iis criticorum opiniones", is Naqdani personae tam accommodatus est (ejusdem plane modi quam Jequtielis supra descriptus), ut eidem Simsoni tribuendus videatur, cujus habetur commentarius in Pent. (פירוש התורה) citatus a Lonzano in אור תורה fol. 3 b (quem locum mihi per literas indicavit Delitzschius). Jam cum Jequtielis commentarius in praefatione similia prorsus habeat iis quae in nostro cod., in primo illo appendicis capite de Maqqephatis et non-Maqqephatis, de codicum corruptione et Hispanicorum virtute leguntur, et disś. praemissa על דרכי נקוד teste Eliâ Lev. et Heid. in ejusmodi capitibus fere versetur qualia sunt illa tria, de Maqqephatis et non-Maqqephatis praesertim: vide an capita illa non ad commentarium in cod. de Rossiano sequentem potius pertineant, et an a JEQUTIELE forte sint haec omnia repetenda.

exordio, quod ex libello Horâjath haqqôre nuper editum est [37]. Quoniam vero Bileamitici libelli ea pars quae de poëticis acc. agit, deperditâ ed. Mercerianâ, nondum innotuit: iste apud Simsonem locus illius vicem quodammodo supplere existimandus est; et tanto quidem exoptatior, quod, si a pauculis illis ben-Ascheri fragmentis [38] discesseris, nullum praeterea istius de poëticis accentibus disciplinae apud Judaeos medii aevi exstat exemplum [39]. Itaque paucis hunc locum describere e re visum est.

Distinctivos (טעמים) numerat octo: *Pazer, Zarqâ, Rebhíaʾ, Legharméh, Jethíbh, Tiphchah, Athnâch, Sillûq;* totidem quot jam apud CHAJUGUM numeratos vidimus, eâdemque nominum significatione partim ab eâ quae nobis usitata est diversâ [40]. Symbolum adjungit פ׳ז׳ר׳ ט׳ס׳ א׳ל׳י׳. In singulorum tamen expositione *Schalschéleth* — quam tanquam ancipitem ministris accensuerat [41] — distinctivis addit, ita ut novem efficiantur. Satis perverse Mercâ mahpachata omissa est (quemadmodum in prosaicis Segolta, quam fere aequiparat): haec enim, quia ministrorum signis composita est et in codd. saepius solâ Mercâ indicata, a magistris Judaeorum, certe antiquioribus, vix pro domino agnita fuit [42]; apud nostrum ne nomen quidem proprium sortita, praeter illud quod in Zarqae capite occurrit „רורף Zarqae" [43]. Ministros autem undecim fere recenset: *Schóphār Múnâch, Sch. Haphúch, Schabhúr* (i. e. Munach superior), *Galgal* (Jérach), *Meajjeld* (i. e. Tiphchah in ditione Sillûqi), *Mercâ* (tum inferior, tum superior = Qadma), *Schóchēbh* (modo Metheg, modo Merca), *Dechújah* (Tiphchah in ditione Athnachi), *Schalschéleth,*

---

37) apud *Dukesium* in literarh. Mittheill. p. 197 a *Frensdorfio* communicatum.

38) v. supra part. I. p. 9 seq. 20 seqq.

39) Apud posteriores nihil mihi de acc. poëticis scriptum innotuit nisi haec duo: 1) tabula apud cel. *Sal. Norzium* in מנחת שי ad Hagiographa praef. (ed. Vindob. Vol. IV) ex ELIEZER PROVINZALO desumta (cum aliâ satis corruptâ) subjunctis notis nonnullis; 2) libellus R. SALOMONIS cujusdam (Lembergensis) ס׳ שערי נעימה dictus, ed. *Sal. Dubnensis* Francof. ad Viadr. 1766. 8°. (*Luzzatto* proll. p. 63 etiam memoratus sed falso a. 1776), qui tamen antiquam disciplinam deseruit.

40) v. supra part. I p. 15. 16, ubi singula explicui.

41) In octo enim locis ministrare postea dicitur, ita tamen ut ipse sit stipatus ministris: Silluqo Ps. 3, 3. Athnacho Ps. 65, 2. Prov. 6, 27. 1, 9. Rebio (R. Ger.) Ps. 68, 15. 137, 9. 34, 8. 72, 3.

42) cf. part. I, p. 16. In tabulâ apud *Sal. Norzium* M. mahp. a figurâ vocatur עולה ויורד, et solâ Mercâ appositâ, יורד. In ס׳ שערי נעימה perinde עולה ויורד et מרכא המפסיק Mercâ pausans.

43) Ibi dicitur eum nec inter dominos haberi nec inter ministros, esse Mercam non conjunctam (דבוק) cum sequentibus: tonum enim sistere (מעמיד), quemadmodum Athnachus, et Pathach producere in Qames etc.

Maqqēl (sc. superior = Qadmâ), *Sinnórith* (Zarqâ compositus cum Mahpacho et Merca) [44].

Deinde de consecutione (הרדיפה) vel serie ministrorum h. e. quibusnam quisque addictus sit dominis (חלק), et quot cuique domino ministri pareant, quatuor distinctivorum classibus pro ministrorum numero constitutis: 1) qui duobus utuntur: Zarqa et Tiphcha, 2) qui tribus: Legarmeh et Pazer; 3) qui quatuor: Rebia' et Jethibh; 4) quinque: Athnach et Sillnq.

Denique singulorum distinctivorum rationes exponuntur [45] h. e. quibusnam quisque ministris utatur, et quâ lege hi alternent, quâ vero duo, tres vel plures concurrant; quos denique quisque ex distinctivis sequentes habeat (רודפים) [46]. Praeceptis ubique addita exempla. Ordo distinctivorum idem fere quo initio recensiti fuerant, nisi quod Schalscheleth ibi omissa hîc locum suum occupet inter R•bi'um et Legarmeh inserta [47].

His tribus locis absolvitur acc. metr. tractatio quàm Bileamides septem capitibus distinxisse ex indice libri Horaj. haqq. intelligitur.

Tertius ejus generis est libellus ille שער הנגינות Latine vulgo porta accentuum dictus (i. e. liber vel caput de acc.), qui in bibl. rabb. editionibus post Masoram finalem ejusque additamenta omnium ultimus habetur fol. 66 b, ex ed. Ven. II. a. 1525 a R. *Jaqob ben-Chajim* adornatâ desumtus, in Lat. linguam conversus a *J. G. Abichtio* [48]. Is quidem inter

---

44) In tabulâ apud Sal. Norzium pleraque nomina tam ab his quam a nostris diversa: Pazer ibi מַרְעִיש, Zarqa צינור (ut ap. ben-Ascherum et Chajug.), Rebia' מְיֻשָּׁב (Hebr. i. q. Aram. רביע), Tiphcha anterior יְמָנִית (in alterâ tamen tab. דחי ut ap. Chajug. et Simson.), Geresch cum Rebia' compositus (imo Tiphcha superior) כָּתֵף יָמִין et plene כ׳ י׳ ומיושב, Athnach חָנָה, Schalscheleth מרעיד; Munach גַּלְגַּל, Mahpach פוֹנָה. De Merca - Mahp. jam dictum est not. 42 et 43.

45) Inscribitur: עתה אבאר הטעמים ומסבות תהלוכם ומשרתיהם cf. Horajath haqqore cap. 4: לבאר סבת (סבות?) הטעמים.

46) Quod caput in libr. Horaj. haqq. discretum (est cap. 6 על שכונת הטעמים), huc traxit auctor, quemadmodum in prosaicis fecerat.

47) In his quomodo versatus fuerit auctor ut intelligatur, exemplo sit primum Pazer! caput: Pazer, ait, triplici utitur ministro: Merca, Haphuch, Galgal; si duobus simul, et in primâ quidem literâ positis, primus est Mahpach, alter Galgal, ut Ps. 75, 9. 5, 10; si primus non in primâ lit., fit Merca מלרע aut מקל לעיל (Qadma) ut Ps. 5, 12; si alter non in prim. lit., fit Haphuch, ut Ps. 27, 6, neque Merca unquam fit superior לעיל (Qadma) nisi alter sit Mahpach. — Distt. sequentes, excepto uno Athnacho, sunt Zarqa, Rebia', Legarmeh, Jethibh, Tiphcha. — Interdum tribus simul ministris utitur: 1. Haphuch 2. Merca (i. e. superior = Qadma) 3. Galgal ut Ps. 137, 2. 65, 10. 23, 4.

48) in calce libri „accentûs Hebr. ex usu lectorio vel musico explicati“. Lips. 1715. 8º. In notis passim Masoram contulit.

anonymos refertur apud harum rerum scriptores [49]. Sed cum ejus auctor idem esse videatur qui libellum דרכי הנקוד s. de ratione punctationis circa Masoram finalem scripsit: quoniam hic dicit se scripturum esse דרכי הניקוד והנגינות; iste autem vulgo feratur esse quidam R. MOSCHEH HANNAQDAN, vel, a lectoris munere et quâ polluisse dicitur arte, CHAZAN cognominatus [50]: huic quidem libellus noster traditionis illius fide tribuendus esset [51]. Sed huic traditioni vel potius conjecturae quo minus fidem habeam, hoc potissimum impedit quod in nostro de accentibus libello constanter fere Masorah citatur, et hâc quidem formâ in quam editor ejus primus redegit: nam non solum, ut apud Bileamidem aliosque priores, Masorae praecepta citantur, sed ipsa ejus verba exhibentur [52], vel lector ad ipsam inspiciendam relegatur, praesertim propter locorum biblicorum recensionem: vel textualem, citatis locis biblicis ubi Masorah inveniatur (ex adornatione editoris), et ex hâc quidem quâ nos utimur capitum divisione, quam constat non ante R. Nathani concordantias et Masorae editionem Judaeis in usum venisse; vel magnam (רבתא i. e. finalem), citato ordinis alphabetici membro (ערך) [53]. Vicissim vero nos-

---

49) *Wolf.* B. H. II, 500 et in anonymorum recensione v. שער p. 1438. *Abichtius* §. 12 et in epilogo antiquum eum scriptorem censet, ridiculo argumento usus quod in Masora ad Ex. 21, 35 citatus sit, quod contrarium plane suadere videbimus.

50) Hujus traditionis non alium video fontem quam *Eliam Levitam* in lib. Masor. hammas.: qui cum primum in praef. tertiâ fol. 10 a ed. Sulzb. p. 52 ed. Semler obiter dixerat libellum circa Masoram magnam (h. e. finalem) impressum non esse librum השמשוני, ut multi opinentur, sed Mosis Hannaqdani esse, quemadmodum in cap. *Schibre luchoth* sit exposituras: ibi (fol. 33 b ed. Sulzb. p. 245 ss. ed. Seml.) v. רמ״ח dicit hâc notâ se comperisse significari unum e lectoribus codicis s. exercitatissimis חזן משה ר׳, ac fieri posse ut hic sit Moses ille qui libellum הניקוד כללי circa Masoram magnam in ed. Venetâ scripsit, a verbis המחבר אמר etc. exorsum, a multis falso pro libro השמשוני habitum, quandoquidem auctor nomen suum משה in multis locis innuat, ut in capitis de punctis Sere et Segol initio ubi verba תשגיח שבתר ממכון, et alibi החולם שמוש משפט et similibus. Vides non traditionem sed Eliae esse conjecturam. Talem retulerunt *Buxtorf.* de abbreviaturis Hebr. v. רמ״ח p. 187 et Schabbathai (tanquam suam, ut videtur, unde huic tribuit *Wolfius* B. H. I, 822 v. Moses Chazan). Hinc Mosis Hannaqdani nomine citari solet, ut J. H. Michaelis praef. ad ed. bibl. Hebr. p. 6. *Luzzatto* autem prolegg. p. 33 certe Mosis nomen ei tribuit, addens Germanum eum fuisse videri et vero Qimchio anteriorem, quippe qui hujus nullam mentionem fecerit sed Chajugum, Raschium, Abenezram et Parchonem tantum citaverit!

51) Sic statuit *Heidenheimius* qui in praef. p. 2 et fol. 15 b Mosis hannaqdani nomine citat.

52) ut in loco de Zarqâ, ubi Masorae verba hâc formulâ inducuntur דמ׳ לשון לך והא, de Pazero magno: יש ובמסרת.

53) Textualis citandae solita formula est נמסר וסימן additâ Parascha vel libri capite, vel etiam relegandi verbo עיין vide etc., ut de Tebhiro. Nostram autem Masoram impressam citari, inde etiam intelligitur quod plerumque omnes ejusmodi loci citantur quibus noam aliquam masorethicam apponere editori placuit. Finalis in Zarqae tractatione sic cita-

ter libellus in Masorah saepius citatur, ut ad Lev. 21, 4. 23, 21.
Ex. 21, 35. Unde cum intelligatur alterum opus ex altero suppleri: patet
utrumque unà ortum esse et ab eodem auctore profectum, Masorae scilicet editore R. Ja'aqob ben-Chajim [54]. Quod confirmatur etiam primi libelli de punctis exordio: ubi iste praefatur sibi post absoluta biblia reli-
quum esse ardorem conficiendi operis tesselati ex rationibus punctorum
et accentuum, ut sint tanquam palae annalorum Masorae neque dimo-
veantur ab his catenae, easque collectas esse spicilegio messorum quorum nomina sibi non cognita esse manifesto [55].

Primum recenset accentûs, et eosdem quidem qui apud Bileamidem (et Simsonem), iisdem etiam nominibus appellatos, nisi quod distinctivi (מלכים) a duodecim ad quindecim numerum creverint (ut quodammodo
jam apud Simsonem), jam tandem additis tribus qui prioribus suspecti vel
ambigui videbantur: Schalscheleth, Segolta et (pro Paseq s. Pᵉsiq, qui illic
tertius erat, nunc prorsus praetermisso) Paschta [56]; mutato etiam ordine,

---

tur: וסימן נמסר במסורה רבתא בערך טעם. Ad eandem passim relegatur in libello priore
de punctis, ut fol. 7 b: עם המסר׳ תעיין, fol. 20 b: וכן הוא במסורת עיין בערך למה
סימניהון בערך שכל במסר׳ רבת.

54) Quem cum ex diligenti eorum quae supra attuli consideratione agnovissem, miratus
sum jam a *Wolfio* B. H. I, 592 v. Jacob f. Chajim hunc libellorum istorum perhiberi auctorem h'a
verbis: „Ejusdem דרכי הנקוד והנגינות de ratione punctationis et pronunciationis in iisdem Bibliis legitur, ubi agit de vocalibus, accentibus aliisque Hebraicae lectionis momentis.“ Quod
tamen nescio quomodo exciderit Wolfio minime sibi constanti, ut qui eodem vol. p. 822 v.
Moscheh Chazan Sabbathaei (vel Eliae Lev. potius) conjecturam Mosi illi libellum de punctis
tribuentis afferat, portam accentuum vero l, 500 et 1438 inter anonymos collocet. Idem fere
de Rossio accidisse videtur, qui in dizion. v. Biblia (rabb.) in describendâ R. Jacobi b. Chajim
editione obiter utrumque libellum tanquam editoris affert, in caeteris tantum dissertationem
quandam de accentibus recenset.

55) Utriusque libelli tamen non eadem prorsus ratio. Nam cum tract. accentuum nil nisi
brevis sit praeceptorum Masorae conspectus et ex parte supplementum: prior de
punctis longe amplior Masoram quidem saepius citat ut priores solent, sed parcius lectorem ad
eam relegat, et finalem tantum (v. not. 53), et locum copiosius persequitur ex ratione
apud grammaticos Jud. in istis libellis antiquitus receptâ, quae nititur hypothesi
Chajugi omnes vocales primitus longas esse a literâ quiescente quamvis occultâ derivan-
das, hinc breves correptas; unde tota versatur in quaerendis causis quae longas vocales tollant h. e. corripiant (סבות שמבטלין הקמץ גדול etc.). Quae apud nostrum ita
habetur prout a posterioribus aucta fuerat, ad Qames et Pathach magnum et parvum addito
Cholem et Chateph-Qames atque Chateph-Pathach magno et parvo; plane eundem in modum
eodemque ordine qui apud Simsonem Naqdanum deprehenditur, omisso tamen primo loco
de punctorum nominibus et ultimo de Methego.

56) Hic quidem juxta Jethibhum, qui more tradito utrumque comprehendit, plane abun-
dans errore quodam in hunc numerum irrepsisse videtur, pro Pesiqo male omisso. Mirum

3

non a Pazero sed ab Athnacho ordiente, quippe symboli normam secuto, ex initialibus nominum literis pro more Judaeorum in huncce modum effecti (ut jam apud Simsonem): אֹזז, יִמֹשֹ, לְֹפִֹף, רֹחֹת, שֹסֹס. Ministri quidem novem exhibentur, iidem fere qui apud Bil., sed perperam omisso Galgal s. Jérach (vitio codicis sine dubio), ut numerus eorum potius sit decem, pro Schopharo triplici (quem pro uno numerasse Bil. vidimus) jam numeratis quatuor: Munach, Mecharbel, Illui et Mahpach [57]. — Deinde de singulorum distinctivorum cum ministris suis rationibus breviter (quia propter locorum biblicorum enumerationem ad Masoram relegare solet) sed perspicue et distincte agitur, in Zarqa praesertim et Tebhiro, de quibus accuratius et distinctius praecipitur quam in Masorah et apud priores; unde *Heidenheimius* hunc locum in libri sui secundâ parte praeceptis suis pro fundamento subjecit.

Iste cum ultimus fere sit eorum qui antiquam Bileamidae et Masorae disciplinam simpliciter tradere satis habent: hic igitur dicendi finis esto.

Antequam autem calamum deponam, non possum non gratias quam maximas publice agere Francisco Delitzschio, viro in hoc literarum genere inter nostrates theologos uni omnium versatissimo, qui me in his quaestionibus versantem tum libris suppeditatis tum observationibus suis communicatis officiosissime ita adjuvit, ut sine ejus ope haec sic perficere vix potuerim.

Caeterum si qui sint qui mirentur vel sannis excipiant quod tantam in his collocaverim industriam, quae putidiuscula ipsis et fastidio digna videantur: his respondeo me illorum non invidere supercilio qui minutiora investigare dedignentur, siquidem isti nec in magnis multum mihi videntur praestituri; meque hoc praedicare Dei beneficium quod ingenium dederit et ad minutissima quaeque promtum et ad magna intrepidum, illud Clorindae nobilissimae quod est apud Tassonem de me professum:

„L'alte non temo, l'humili non sdegno".

Gierus. liberat. II, 46.

---

quod etiam apud Simsonem tertius mendose affertur Soph pasûq pro Paseq, simili errore, inde manifesto quod hic in singulorum tractatione suo loco restituitur pro Soph pasuq.

57) Merca duplex (מ' כפולה), quae a Judaeis pro ministro habetur, neque apud nostrum tabulae ministrorum inserta, sed ut ap. Bil. in Tiphchâ tractandâ memoratur nomine ב' מרכות.

Emendanda et addenda.

1) in particulâ I.

p. 2 vers. 11: pro petendum lege repetendum.

- 3 not. 5 Masorae nomen simplicius etiam ita expediveris ut universam traditionem circa textum sacrum (מקרא) comprehendat, h. e. quaecunque circa hunc tam legendum quam scribendum ore et usu tradita ferebantur observanda; deinceps literis et notis mandata et in dies aucta.

- 4 not. 8 v. 16 dele occurrit. — Ibidem de nomine מעזיה hanc addas conjecturam: forte thermarum ejus urbis celebratissimarum est nomen: siquidem in Talm. Schabb. f. 109 a habetur nomen thermarum עזיא vel אזיא, quarum aquae a Talmudicis laudantur, teste *Wähnero* in antt. Ebr. II, 711 (forma אזיא derivanda esset a אזא Chald. accendere, quod balneo calefaciendo adhibitum testatur Buxtorf. lex. Chald.).

- 5 not. 11 v. ult. ad בן אשר addendum: et בן נפתלי.

- 7 v. 5 et not. 14 quod Qadma dicitur יורד ועולה forte referendum est ad Munachum cum Qadma pro vario vocis numero alternantem (quemadmodum in poeticis de Qadmâ prsiqatâ cum Mahpacho et Mercâ alternante occurrit); vel etiam de voce a Qadmâ ad sequentem ministrum (distinctivi vicarium) descendente, ut in Mas. ad Num. 36, 3 loci illi 18 qui Zarqae praemittunt Mercam post Qadmam dicuntur סליקי' ונחתי' h. e. עולה ויורד habentes. — Paulo post ibidem המסכן, quem suspicabar esse Legarmeh, haud scio an sit potius Jethibh, qui et ipse apud posteriores inter 12 dominos refertur (Paschtam ille quidem includens, sed passim, ut in Port. acc., juxta illam numeratus).

- 8 v. 4 pro quidam l. quidem.

- 9 v. 7 et 14 numeris 2. 3. addendi unci: 2) 3). Ibid. not. 16 pro locus iste leg. locum istum.

- 11 v. 3 ad „Schophar gadol = Munach" addendum: et ante Zaqephum quidem, i. q. 'Illui posteriorum. — Ibid. aetas Chajugi pro a. 1020—40 potius 1000 p. Chr. secundum Rapoportum definienda est, v. comm. meam de rei gramm. apud Judaeos initiis p. 12.

- 12 not. 22 ad locum de Hebraicis Chajugi versionibus addendum: Excipiendus tamen liber קוד, cujus versionis Geqatilianae nec apud ipsum Geqatiliam in praef. fit mentio, nec aliud ullum est vestigium; quae autem hucusque innotuerunt versiones (cod. Monac. et Michael. Hamb.) Abenezrae sunt. V. comm. citatam p. 19. — Ibid. ad not. 23 de libello נקוד addendum, eum non a Chajugo ipso compositum sed ex ejus potius et aliorum forte libris compilatum videri, v. comm. citatam p. 21. — Ib. not. 25 dicere oblitus sum, acc. tabulam in cod. Michael. Hamb. multo emendatiorem esse quam apud Dukesium, eâque de causâ in app. II. exhibitam.

- 13. v. 9 Pazeri parvi et magni eandem primitus figuram fuisse, confirmat etiam nomen שני פזרין et duplicis Pazeri figura ( ) apud Qalonymum et Sant. Pagninum in

3 *

Hebr. institt. — Ib. v. 11 post **Metheg** [26] excidit uncus clausae parentheseos signum. — Ibid. v. 17 seqq. ad **Schoph. gadòl** et קלקל conferenda distinctio Schopharo- rum נשׁיאי et קלקל p. 15, unde patet illum (in tab. Athnacho adjunctum) esse i. q. apud posteriores 'Illùi (cui locus ante Athn. Zaq. et Zarqam). Paulo post **D**e**chî** et **D**e**chûjah** esse **Meajjelam** posteriorum v. part. II, not. 10. — Ib. not. 26 pro **paulo infra** leg. **paulo post**.

p. 14 not. 30 addendum, apud nostrum ipsam haberi שׁשׁם ꝑ pro למשׁה, quam proinde hic vidit esse **Paschtam**, a nemine posteriorum agnitam.

- 15 v. 7 seqq. tractatum istum alterum apud Chajugum ex **Bileamide** sumtum et cor- ruptum esse suspicor, quia ex hoc solo et restitui et intelligi potest. Ibid. v. 16 pro **Rebiam** lege **R**e**bhî'um**: nam hic mascul. generis est, a autem ante ע cum furtivum sit (unde sic potius scribendum **R**e**bhî**a'), additâ terminatione perit. — **V** 17 leg. **similis** pro **similes**; et v. 18 post העמדה parenthesis unco claudenda. — Ib. v. 20 ss. catalogus **ministrorum** perinde ut dominorum cum **Bileamidae** tabulâ conferendus erat, quod factum part. II. not. 10; unde patet 1) **Talscham mag- nam** prorsus delendam esse irrepticiam, **parvam** autem post **Schoph.** הפוך ponen- dam; 2) **Schalscheleth** reverâ, quod conjeceram, esse **Dargam, D**e**chujah** vero **Meajjelam;** 3) **Galgalum** in fine addendum; numerum autem pro **octo** aut **novem** aut **septem** ponendum.

- 16 v. 5 a fine pro „**ad laevam scribentis**" ponendum **ad laev. libri** (ספר), ita ut auctor li- bri paginam legenti adversam cogitasse videatur.

In **Appendice** I. p. 17 ss. interpunctio multis in locis a me emendata, magis etiam emendanda videtur, duce potissimum **rhythmo**. Et p. 17 quidem v. 13 interpungendum post מארכה et בארוכה (non post לאחותה); v. 17 post תלשׁא; v. 21 post מסטה simplex punc- tum ponendum pro duplici; p. 18 v. 3 post גרשׁה; v. 11 post מלכים; v. 1 a fine post מארכה duplex punctum ponendum pro simplici, idem in fine v. 3 (quippe ad distinguenda non solum capita sed etiam ejusdem loci diuersa praecepta adhibitum); p. 19 v. 11 interp. post וגעיה; p. 21 v. 10 post נמסכה; p. 22 v. 8 post יהוה [52]; v. 12 vero post (Ps. 119, 56) punctum duplex delendum. — Praeterea in append. haec fere corrigenda vel addenda: p. 17 not. 5 de **Merca** addendum: quae dicitur „conjuncta sociae (Tiphchae) **fasciâ** (s. trac- tu i. e. virgulâ) ad dextram et sinistram plexâ (s. flexâ)".

- 18 v. 20 bis **excidit Darga** in לו et יגף. Perinde p. 22 v. 4 a fine **Telischa** magna in voce תרסא; v. 3 סזר falso **Zarqam** habet pro **Pazero**; et ultima vox legenda ח'ד'ם. — Ib. in notis v. 4 pro „**idem vero** praeceptum" distinctius dicendum, et sic ha- betur pr.; v. 7 not. 52 leg. אל אלהים cum **Pesiqis**.

Denique displicet mihi in hac disp. parte saepius excidisse vocem **sequior** pro **posterior,** et **metrici** libri vel **acc.** (ex usu vulgari) pro **poëticis.** Quod **nomina pro- pria Hebr.** non eâdem semper ratione Latinis literis expresserim, non tam inconstantiâ aut neg- ligentia factum, quam quod constitutâ semel formâ normali, deinceps, ad levandum etiam ty- pothetae laborem, de normae rigore remittendum putarem.

2) in particulâ II.

p. 1 not. 2 v. 3 a fine leg. **operâ illius excusa tantum** pro **operâ tantum illius.**

- 2 v. 3 a fine pro כללי ל I. דרכי כ: nam sic inscriptus est tractatus circa **Masoram** fin.

- 3 not. 10 ad numerum ministrorum **septem** addendum, totidem numerari apud **ben-Asche- rum** et **Qalonymum.** — Ibid. v. 8 pro **Athnâchtâ** leg **Athnachtâ.**

p. 4 not. 13 adde: Sed cum ex iis quae paulo post attuli pateat non ad ordinem מורח sed ad
עלבי pertinere istam conditionem: spectare videtur legem toni notam, quâ in pe-
nultimâ altior est (hinc מלעיל dictus) quàm in ultimâ (מלרע), cf. acc. ta e u-
tum et gravem ap. Graecos.

- 7 v. 12 pro Idemque leg. Idem.
- 8 v. 5 a fine pro הקירא leg. הקורא. Ib. not. 24 v. 4: de quo et ipso infra.
- 12 not. 35 v. 10 post in exidit subscriptione; v. 11 post „in fine versûs" adde: (et
Athnacho). — Ibid. not. 36 v. 5 a fine pro עשרת leg. עשרת; et v. 4 adde: Hi
Saadiae עשרת הקונים exstant etiam ap. Ebn-'Ezram Zachoth ed. Lipm. f. 32 b,
qui recte exponit כי הם קונים כל הדברים. Ibi vero simile etiam disserendi initium: ודע כי עקרי סמני כל הדברים שידברו עליהם הם עשרה. Hinc exordium illud et forte totus de pronominibus locus apud Simsonem ex Ebn-'Ezra desumtus esse intelligitur.

. Denique hac mihi liceat opportunitate uti ad emendandam et supplendam commen-
tationem tertiam nuperrime ad celebranda Wegscheideri semisaecularia editam, quae mihi, urgente necessitate, intra paucorum dierum spatium et scribenda et ab operarum mendis purgan-
da erat, tantâ festinatione ut, in fine praesertim, adversaria relegere nedum perpendere otium
vix superesset.

3) Comm. de rei gramm. apud Judaeos initiis etc.

p. 2 vers. 3 delendum et accipiendum. — Ibid. v. 6 seqq. nominis סופרים ratio accuratius duplex esse dicitur. Primitus rerum ipsarum quae codice continentur (h. e.
legis) peritum significat, qualis 'Ezrâ et qui eum secuti sunt γραμματεις, et
Rabbanim, ipsique Talmudistae; quae ratio ab hôc loco aliena. Altera, quae sola
h. l. agitur, ad textum codicis sive verborum quibus res continentur seriem pertinet, ab 'Ezrâ et ipsa repetita, simul pro criticorum principe habito, qui tum
prisci (antetalmudici) tum recentiores (post Talmudis aetatem), inter quos Grammatici. — In quâ vocis ratione derivandâ ibid. not. 4 in fine Geseni error severius
a me notatus.
- 4 not. 6 leg. كتاب الكتاب et p. 5 not. 11 קרא.
- 6 v. 3 a fine pro virtute leg. arte; p. 7 v. 14 dele fuisset; v. 3 a fine pro quia haec
dicendum quippe quae.
- 8 v. 6 dele tantopere, v. 12 pro paulatim in usum venisse pone usu invaluisse;
v. 14 ex eo pro inde.
- 9 v. 3 seqq. ad 1) de Tiberiensium auctoritate adde, quod omnis punctatio ab
his tradita ferebatur, teste Ebn-Ezra; et quod nomina accentuum apud
Chajugam (ed. Duk. p. 197) ex linguâ Tiberiensium desumta esse ab hoc dicuntur; unde idem de vocalium nominibus statuendum videtur. Porro ad 3) quod de
Palaestinae tanquam terrae patriae, ארץ ישראל dictae, in pronunciatione et lectione scripturae sacrae auctoritate et principatu levius tantum attigi,
hoc certissimum est et plurimis veterum testimoniis uno ore confirmatum. Cf. Chaju
gum praef. p. 3 ed. Duk.; Raschium ad Berach. 62 a (ubi Talm. innuit modos
scripturae — טעמי המקרא — dextrâ monstrari) testantem se vidisse lectores e terrâ
Israel venientes pro accentuum varietate manum moventes (Buxtorf. punct. p. 91). In-
signis autem de eâ re locus est in praef. libri Horaj. haqqore (ap. Dukes Mitth. p. 197)
ubi est: „lectio (קריאה) haec in terrâ Israel (scil. circa accentus, quam auctor
traditurus est) est lectio 'Ezrae (הסופר), eo quod coetus Israel (עדת י') hucusque
nunquam ab hac terrâ separatus, exceptâ solâ urbe Jerusalem tempore regni

Christiani (אֻלֹם) in Israel, liberos per omnes deinceps aetates (דוֹר אַחַר דוֹר) in hâc lectione instituit". Hinc tanta horum pronunciationis apud Judaeos existimatio fere superstitiosa, ut quae ipsi in literarum et punctorum accentuumque varietatibus assequi non posse sibi videbantur, ea illis tribuerent, neque magistris tantum et viris doctis, sed universae turbae, mulieribus etiam et parvulis (cf. voces eorum ap. *Buxtorf.* punct. p. 20 ss. 267 ss. *J. Morinus* exerc. p. 509); scilicet quod ibi lingua patria a majoribus tradita ab hâc quam in exiliis traxerit labe immunis et integra conservata esse videbatur. Sic fieri poterat ut et Masoram et punctationem Tiberiensium ad Ezram revocarent.

p. 11 v. 1 l. conjungunt pro — ant. — Ibid. not. 18 orientalium et occidentalium pro — talem.

- 13 v. 4 l. كتب, v. 7 post „usu" adde desumti. Ib. not. 23 v. 3 dicendum erat: sive lapsum repetentes cat. Bodl., ubi libellus iste olim dicebatur esse „Judae Fessani", scil. CHAJUGO tributus (Wolf. B. H. I, 425. II, 547); sive ex confusione ejus urbis ad quam data erat epistola, cum auctoris urbe.

- 14 v. 8 leg. رسالة; v. 10 פירה pro פידהא; v. 12 neglectum" (cum signo citati loci finem indicante); not. 24 v. 6 excidit Eldadus ante „in Bab."

- 15 not. 26 v. 2 l. apto pro aptum; v. 6 שפה pro שׂפה, v. 7 علم.
- 16 not. 28 v. 6 l. transscriptum pro — am.
- 17 not. 31 v. 3 pro forte dicendum sine dubio.
- 19 not. 38 v. 3 pro levissimâ ratione distinctius: non aliâ ratione quam quod hunc solum Chajugi interpretem esse putaret, ignorans EbnEzram. — Ib. not. 41 leg. 204 pagg. 8o.
- 20 v. 6 pro literis leg. de literis. — Ibi vero in adumbrandâ Chajugi ratione, grammaticorum principis, aegerrime fero quod urgente prelo plura, quae gravissima sunt, omiserim. Primum praecepta egregia de Schevae pronunciatione (praef. p. 4 seqq. p. 19 ss. coll. p. 200 ss.) a posteris repetita; et de Dagesch forti et leni (p. 7 seqq. 22 ss.) quae apud posteros passim minus recte traduntur. — Deinde hypothesin illam (ex *J. Morino* exerc. p. 434 notam) quâ (defectivâ longarum orthographiâ, ut videtur, abutens) productas quoque vocales a literis quiescentibus non scriptis (שׂ נסתר) repetendas statuit. Quod cum primum in praef. libri הנוח s' de Qames tantum ut in שָׁמַר, דָּבָר, ex analogiâ formae צַוָּאר et צַוָּר admiserat (ex vers. Geqatiliae p. 21 ed. Dukes, nam in EbnEzrae vers. hic locus plane mutilus minime intelligi potest): deinde in ipso libro ad caeteras quoque vocales longas transfert; in libro לקוד vero (p. 179 ss. ed. Duk.) de omnibus universim vocalibus statuit, neque de longis tantum sed brevibus etiam, praes. in syllabâ simplici positis, partim accentu conjunctivo correptis! Id quod primi libri modum tantum excedit et a Chajugi sobrietate tam alienum est, ut huic vix tribuere possis. Verum hanc rationem posteriores fere omnes secuti sunt, in quaerendis causis occupati quae longas vocales tollant (cf. supra not. 55). — Denique quae habet de flexione verbi (ex vers. Geqat. ed. Duk. p. 27 ss.; est exordium verborum 1. Aleph). Ibi bene duplex distinguit: verbum simplex (קל) et auctum (כבד), quo verbalia comprehendit, paradigmatis פעל varietate inter se distincta. Termini jam fere quales apud posteriores. Caeterum legem triliterae radicum formae non primus revelavit, prioribus, ut Menachemo, minime incognitam, sed vindicavit tantum contra errores.

- 21 not. 44 locus Parchonis non accurate allatus. Ibi ערוך non est Chajugi liber sed lexicon Arabicum, quod ille cum legisset et rationem ejus (דרכיה) didicisset, eandem ad ling. Hebr. transtulit et in libro suo secutus est. — Ib. not. 48 adde: *Parchon* etiam in praef. duos tantum priores ejus libros memorat, quemadmodum Geqatilia, tertium ignorat.

HALIS TYPIS HEYNEMANNIANIS.